Vida de Guastavino
y Guastavino

Andrés Barba

WITHDRAWN

Vida de Guastavino y Guastavino

EDITORIAL ANAGRAMA

BARCELONA

Ilustración: «Vida de Guastavino y Guastavino», collage digital de Carmen M. Cáceres

Primera edición: noviembre 2020

Diseño de la colección: Julio Vivas y Estudio A

ISBN: 978-84-339-9909-2
Depósito Legal: B. 17978-2020

Printed in Spain

Romanyà Valls, S. A., Sant Joan Baptista, 35
08789 La Torre de Claramunt

NOTA

Se puede decir de la biografía lo que decía Borges del barroco: que es un género que agota sus posibilidades y por eso linda con la caricatura. Habría que añadir que su credibilidad no está menos en entredicho. Con el mismo puñado de datos fragmentarios y el pertinente aparato retórico, podrían hacerse múltiples biografías opuestas, todas ellas verosímiles. El biógrafo es siempre un exégeta por su obligación de interpretar lo que admite muchos significados posibles, pero también –y sobre todo– por la de darle a la vida una forma y un sentido que casi nunca tuvieron. Solo una sociedad que nos hace confundir información con sabiduría es capaz de olvidar ese aspecto tan elemental de la narración histórica: el de que no importa cuán documentado esté un texto, toda biografía es inevitablemente una ficción. Puede que este libro sea solo una mentira con respecto a la vida real de Rafael Guastavino (si es que existe tal cosa). Me gustaría, en cualquier caso, que esa mentira mereciera ser verdad.

A. B.

A Roque,
que aprendió a hablar
mientras yo aprendía a escribir este libro

Nueva York no es una ciudad,
es una conjetura.

REM KOOLHAAS

GUASTAVINO

I

No sabemos nada y la historia es mentira y el amor no existe, pero a veces basta el miedo, el miedo como el hilo dorado de una fábula, para recuperar todas las realidades perdidas; la verdad, la ciencia, el amor. Por cada gesto bajo sospecha, el miedo engendra una constelación de ciudades posibles. Dadle miedo a alguien capaz de construirlas y tendréis el mundo. Un par de casualidades y varios accidentes llevan a Rafael Guastavino a Nueva York. Sabemos cómo es su rostro en 1881: la boca tachada por un bigote prusiano, los párpados caídos, la calva incipiente. Lo vieron nuestros bisabuelos, se cruzaron con él en el muelle de Marsella y no lo recuerdan. Algo les llevó a quitarse el sombrero; el traje caro, quizá, o la belleza de la mujer que le acompaña con dos niñas propias a un lado y un niño ajeno al otro, un niño que es como la versión embellecida y diminuta de su padre, algo les llevó a quitarse el sombrero y sin embargo no lo recordaron más, era demasiado normal, demasiado español. Ahora sabemos lo que no sabían nuestros bisabuelos: ese hombre y ese niño se llaman Rafael Guastavino, sabemos que serán encumbrados como los grandes constructores de Nueva York y luego olvidados y finalmente recuperados como el germen de la arquitectura modernista en Norteamérica, sabemos que serán ninguneados como los caraduras que patentaron un sistema de construcción medieval para que nadie pudiera emplearlo sin su consentimiento añadiendo, a lo que todo el mundo había hecho desde el siglo XII, un puñado de cemento Portland o unas cinchas de hierro, los que vendieron una arquitectura ignífuga a un país horrorizado por el fuego, los visionarios que hicieron migrar de continente a todo un sistema de construcción y le otorgaron una dignidad que nunca habría tenido, los genios, los albañiles, los timadores, los hacedores de vinos, los nepotistas, los constructores compulsivos, circunstancias demasiado contradictorias como para ser ciertas o tal vez precisamente lo bastante contradictorias como para serlo, pero no sabemos cómo era ese miedo de Guastavino, el que le hizo embarcar en Marsella rumbo a Nueva York el 26 de febrero de 1881 sin hablar una palabra de inglés y tras una estafa que le impediría volver para siempre, el miedo electrizante que hace que cada vida tenga un rumbo. Es decir, no sabemos nada.

Aunque, bien pensado, puede que el miedo no fuera estrictamente de su competencia. El antropólogo chino Fei Xiaotong escribió una vez que los Estados Unidos de América era el único país sin fantasmas. Tal vez Rafael Guastavino eligió sencillamente Nueva

York como mundo sin fantasmas. Un mundo sin fantasmas al que llevar una arquitectura sin fuego.

Se dice que Rafael Guastavino, de segundo apellido Moreno, vio su primer incendio a los dieciséis años, en 1859, en la ciudad de Valencia. No sabemos las circunstancias precisas. Suponemos, porque somos de naturaleza novelesca, que lo hizo asomado entre la muchedumbre. Sabemos que vivía a poca distancia de allí, en la calle Verónica, que su padre era un ebanista descendiente de un fabricante de pianos y que era el quinto hijo de una familia de catorce de la que solo siete llegaron a la edad adulta. El incendio fue en la antigua casa consistorial. Sabemos también cómo es el fuego. En su *Traicté du feu et du sel,* Vigenère lo describe como «un animal insaciable que devora cuanto experimenta nacimiento y vida, un animal que, tras devorar todo, se devora a sí mismo». Y aunque hemos perdido «el hábito de leer los secretos del libro de la naturaleza» –como decía, un poco pomposamente, el propio Guastavino–, en la masa de las llamas dejamos de leer y empezamos a sentir. Qué extraño saber se apodera de nosotros: de pronto resulta evidente que los edificios resisten o arden hasta los cimientos y caen, como cae esa casa consistorial, que los edificios y los puentes caen como caen las personas, sin que tenga mucho sentido preguntarse qué ha sucedido.

Tal vez en la fábrica de azulejos del arquitecto Monleón, Rafael Guastavino ve también otro fuego, uno inmóvil que se repite sin menguar ni crecer, el fuego del horno de ladrillo. Y también lo ve en la música, en las vetas de la madera del violín. Desea ser músico y luego no, o quizá no completamente, porque sabe que no tiene talento aunque tenga amor. Siempre es así. El fuego de la música se parece al que hunde la casa consistorial, es exigente y comprometedor, sin moraleja. Y también ve el fuego en las bóvedas de su pariente lejano Juan José Nadal, en la curva que se inclina sobre los fieles de la iglesia de Sant Jaume. Lo ve años después en los cuerpos de las mujeres, en la excitación que le provoca llegar a ellas. A veces querría señalar a una en la lonja y tenerla allí mismo, querría que ellas sintieran lo que siente él y que todo fuese expeditivo, que la misma obnubilación que le priva de sentido las privara también a ellas y a los pocos minutos estuvieran los dos resoplando en un callejón. ¿Simple? Puede que sí, pero nadie ha dicho que Guastavino sea un casanova.

También en los negocios ve el fuego Guastavino. En las narraciones que envuelven y doran las palabras precisas o que se hunden por la ausencia de palabras precisas. A diferencia del que acaba con la casa consistorial, el fuego de los negocios elude los motivos que lo provocan, es un incendio sin centro en el que hay que atender a los comentarios azarosos, donde se debe decir lo que se espera y aprender a callar. Por eso vence la arquitectura a la música en el corazón del adolescente Guastavino. Porque el fuego de la música quema, pero el de los edificios enriquece.

16

Se sabe que Rafael Guastavino se traslada a Barcelona en 1859, con diecisiete años, para estudiar maestro de obras y se aloja en casa de un tío paterno demasiado rico como para no ser aprovechado, Ramón Guastavino, sastre de profesión, copropietario de la cadena de textiles El Águila. Se sabe también que no tarda mucho en dejar preñada a su prima Pilar Guastavino, nacida Buenaventura, huérfana a la que ha adoptado y dado su apellido el tío Ramón.

Ese hogar que representa todo lo que no ha tenido en la vida cambia el mundo para Guastavino, esa casa en la que disfruta de sus privilegios, en la que se pasa el verano con fantasías burguesas preparando asignaturas de maestro de obras, persiguiendo a Pilar cuando se quedan solos y cepillándose el traje para que haga bonito. La casa en la que tiene un bigote fino y una mirada de gato hambriento lo cambia todo. Allí admira el talento comercial del tío Ramón y el dinero del tío Ramón, y abomina de Valencia y del padre ebanista. Descubre también que hay príncipes de este mundo y que se puede ser como ellos con un poco de audacia y otro poco de olvido. De modo que tras la bronca de rigor y el brindis de rigor y el puro y la palmada de rigor, porque al fin y al cabo —por muy absurdo que parezca— todo ha quedado en la familia, se casan Guastavino y María Pilar Buenaventura, antes Guastavino, en el mismo año de 1859 en la iglesia parroquial de Sant Jaume, demasiado adolescentes como para que no se burlen de ellos los invitados, con un novio que acaba tocando el violín, seguramente borracho, y una novia, seguramente sobria, que le odia desde el principio, aunque a quién le importa, al fin y al cabo, que se amen o se odien dos adolescentes.

Pero también podemos fiarnos de Guastavino. Podemos pensar que en esos años en los que al nacimiento del primer hijo, José, sigue el de otro niño, Ramón, y luego un tercero, Manuel, Guastavino se convierte en lo que suele decirse un hombre. Podemos pensar que junto a las veleidades burguesas, Guastavino aprende a amar su oficio con amor artesano, como ha amado la música que le gustaría componer y no puede, y que por eso agradece a sus «distinguidos maestros de la Escuela de Barcelona, don Juan Torras y don Elías Rogent, quienes me instruyeron en el estudio de las artes y las ciencias aplicadas, que me llamaran la atención sobre el sistema de construcción tabicado, entonces en estado embrionario». Embrionario desde hacía siete siglos, no importa, embrionario al fin. Porque una nube pase por encima de un prado no lo vamos a ver menos iluminado. Y es que, si no podemos fiarnos del todo de las palabras de Guastavino, al menos podemos fiarnos de su alegría.

En el camino hacia el estudio de Granell i Robert en el que trabaja como ayudante o yendo desde la fundición a la Escuela de Maestros de Obra, Guastavino siente a veces una euforia extraña, parecida a una pulsión. Está alegre no solo porque, sin haber terminado los estudios, ya ha diseñado un par de mansiones, sino porque todo es posible, porque ha engañado al mundo, aunque engañar no es la palabra adecuada. Lo que queremos decir es que Guastavino comprende que vivir es la cuestión fundamental, que es necesario hacer, hacer, hacer, que la carrera no la gana el talento sino los que aún poseen recursos cuando los demás los han perdido, que la propiedad es religión, cosas tan elementales como el agua y que, pese a todo, la gente comprende tarde y algunas personas nunca. Guastavino lo consigue gracias a su deseo de repetir los ceremoniales de los Güell, los Muntadas, los Oliver, los Blajot, de ser adoptado por ellos con esa extraña fragilidad aleatoria con que los ricos eligen a sus amigos menos ricos pero sí inteligentes, menos ricos pero grandes artistas, para dar color a sus vidas y sacudirse el enorme aburrimiento, el tremendo aburrimiento mortal que les producen precisamente sus propios privilegios.

De modo que Guastavino adopta ese sistema embrionario de construcción tabicada empleado desde hace siete siglos para cubrir naves de iglesias, hacer forjados y escaleras, y que no es, al fin, más que un sistema de bóveda de fábrica y dice: pongamos, tras la primera capa de ladrillo, en vez de yeso, cemento Portland para hacerlo más resistente y también ignífugo, y añadamos unas cinchas de hierro aquí y allá y patentemos luego este sistema que hemos perfeccionado. Esa sencilla ocurrencia cambia su vida. No es raro que el azar tenga tanto poder sobre nosotros, estamos vivos por azar. El propio Guastavino no dimensiona bien su hallazgo cuando prepara los planos de la fábrica de textiles Batlló sin tener aún ni el título

19

de arquitecto. Sabe que es algo nuevo, que esa sala repleta de bóvedas de mampostería unidas por finísimos apoyos de hierro dejará con la boca abierta a Batlló y también, de paso, al tío Ramón, que le ha conseguido ese encargo y todos los demás. Sabe –como escribe Pavese– que una idea se vuelve fecunda cuando es la combinación de dos hallazgos, pero no que este es su golpe de gracia. El cemento Portland es caro y hay que importarlo desde Inglaterra, pero es precisamente ese viaje el que le otorga dignidad frente al cemento romano que se usa en Cataluña. Es como si todos esos arquitectos con los que ha compartido bancada en la Escuela y que siguen haciendo una insulsa arquitectura francesa, esas familias adineradas, esos negocios textiles del tío Ramón, la invención del cemento Portland, todas esas cosas hubiesen estado allí, esperándole, para que él diera el golpe definitivo, como si el mundo hubiese confabulado desde hace siglos para regalarle algo que no ha regalado a los demás y que en el fondo, quizá, le corresponde. Y junto al hallazgo que mezcla lo viejo y lo nuevo, la bóveda tabicada y el cemento Portland, está la seguridad de que toda nación es un barrio y todo barrio una clase, y la sospecha, menos fácil de demostrar pero no por eso menos obvia, de que toda clase pende, en realidad, de un hilo: el que une su ser natural con su invención, lo que son de verdad y el relato que hacen de sí mismos.

Muchos libros sobre Guastavino llegan en este punto a un extraño *impasse*. Guastavino parece tener dos vidas: una memorable que empieza en Nueva York y otra rústica, que nadie recuerda, en Huesca. Hay una especie de negligencia en los libros tal vez sencillamente porque la hay en las vidas o –peor– porque necesitamos creer en el genio, el dichoso genio que unos tienen y otros no. Suele decirse entonces que la pulsión sexual de Guastavino destruye su matrimonio y a partir de ahí se produce toda una cadena de muerte y decadencia, cosa no solo cierta, sino perfectamente documentable, pero que elude el verdadero misterio, a saber: el miedo de Guastavino.

Hay quien lo describe como la maldición de un mago: un año antes de la muerte del tío Ramón, en 1871, Guastavino y Pilar dejan de convivir. Tras la muerte del benefactor, los caballos se convierten en ratones, la carroza en calabaza. Guastavino pasa de promesa con padrino a arquitecto sin licenciar. Sus obras, firmadas hasta entonces por testaferros, son ahora de nadie. También su familia es de nadie. Pilar le echa de casa, y aunque le acepta de vuelta a los pocos meses, las cosas ya no son lo mismo, como tampoco lo son los contactos que antes abrían las puertas sin que hiciera falta llamar a ellas. En 1871 Cataluña es un polvorín político. Los inversores se asustan. Las obras se paralizan. Con el dinero de la herencia Guastavino compra en Huesca unas tierras y las emplea para hacer vino, pero también para quitarse de en medio. En uno de esos raros regresos a Barcelona, Pilar, la ya odiada Pilar, se queda embarazada de nuevo. ¿Qué siente Guastavino por ella? No es solo una falta de sentimiento, es algo más hipnótico: una extrañeza distante que le sobrecoge cada vez que representa su deslucido papel en el dramita familiar. Si regresa a Barcelona se acerca a verla, charla con ella y con esos niños que, como unos diablos bien aleccionados, cada día le odian un poco más, y cuando se hartan de hablar de chismes, o de una política que ella no entiende y a él, en el fondo, le aburre, cuando la sobremesa se hace más larga que de costumbre, Guastavino se queda mirando su embarazo y siente por ese bulto algo que no ha sentido por ninguno de sus tres hijos, una virtud que sale de él y le llama, antes incluso de haber llegado. Es como si el odio se invirtiera inexplicablemente en amor en ese bulto, como si todo el odio que siente por Pilar y un poco también por sus tres hijos y por ese país de paletos y por la lluvia que no llega se convirtiera allí en esperanza.

Hay quien se casa en el tercer matrimonio o muere en la segunda muerte, Guastavino es padre en el cuarto hijo. Lo bautizan Rafael: Rafael Guastavino Guastavino, aunque ya se encargará él de cambiarle el apellido antes de embarcar a Nueva York: Rafael Guastavino Expósito, una pequeña humillación para Pilar, o tal vez ni siquiera eso, la formulación de un deseo, el hijo de Guastavino y de nadie, de Guastavino y la espuma, engendrado de su cerebro, como un hada. No sabemos tampoco cómo se manifiesta su amor, ni si viaja con más frecuencia a Barcelona desde Huesca aprovechando las pausas naturales de la producción de vino, sabemos, sí, que durante esos primeros años de su infancia Guastavino contrata a una joven, Paulina Roig, para que cuide al pequeño, y que al poco tiempo empieza a acostarse con ella como se ha acostado con todas las demás niñeras, aunque de esta se enamora lo bastante como para perder la discreción y enfurecer definitivamente a Pilar, que da el matrimonio por enterrado.

No sabemos mucho más. Los datos tienen siempre una energía indestructible: ese Guastavino protegido en Huesca de la inestabilidad de Barcelona, de la declaración de la República federal de 1873 y la restauración monárquica del 74, parece a ratos una figura galdosiana, un burgués distante que hace eso que tan bien saben hacer los Güell, los Muntadas, los Oliver, los Blajot: esperar y dejar que se maten los idiotas.

También como arquitecto Guastavino crece sin construir. En el 73 le piden una aportación para la delegación española en la Exposición Universal de Viena, en el 74 forma parte del jurado que decide la fachada de la catedral de Barcelona, en el 76 recibe una mención honorífica en la Centennial Exposition de Filadelfia. De esas tres cosas, la mención honorífica adquiere para Guastavino el tinte de una promesa. Llega, como la carta de un visir, en un gran sobre desde Estados Unidos elogiando la vivienda higienista y tubular que ha presentado. Tal vez si alguien le hubiese explicado que casi todos los arquitectos de la Centennial Exposition habían recibido ese mismo sobre lacrado, las cosas habrían sido distintas, pero eso habría sido atentar contra la naturaleza misma de una mención honorífica, honorífica, entre otras cosas, porque no se la dan a todos. Guastavino no tiene motivos para no creer, de modo que cree, y se la enseña a su amante Paulina y a su amigo Oriol y sobre todo a la ya odiada Pilar como un golpe de efecto: aprovechando cualquier comentario sardónico, saca la *honorable mention* de Filadelfia y la pone sobre la mesa como una declaración de intenciones, sin añadir nada, y Pilar sonríe, o tal vez no, porque a quién le importa al fin y al cabo lo que hacen los matrimonios que se detestan.

Pero entonces es la muerte la que no da tregua. La hermana muerte, con su hora de cenar y de comer. Al fallecimiento de su tío Ramón, en el 71, siguen el de su tía Manuela en el 74, el de sus propios padres, los dos en el 75, el de su hermano Manuel en el 76. Muere también en el 76 su tío Antonio Guastavino, y su hermana Pascuala en el 79. La muerte rodea a Guastavino como un manto de plomo. De sus seis hermanos solo quedan con vida Carlos, que vive en Valencia, y Juana, que vive en Madrid. Algunas de esas muertes —misteriosamente, la de su madre y la de su hermano— son difíciles de llevar. Viaja a Valencia para encargarse de los entierros y los despachos de unas herencias ridículas, y cuando regresa a Barcelona lo hace deseando tener él también los párpados cerrados. Valencia ejerce sobre él un poder fantasmagórico. «Adora a tu ciudad, pero no mucho tiempo», decía Eugenio Montejo de Caracas, bien podría haberlo dicho Guastavino de Valencia, y por qué no, de Barcelona o de Huesca o, ya puestos, del asqueroso mundo. Adora al asqueroso mundo, pero no mucho tiempo.

De modo que decide marcharse, en parte porque le resulta asfixiante ese cerco de plomo, pero sobre todo porque la propia Pilar le confiesa una tarde que tiene intención de emigrar a Argentina para evitar el servicio militar de los hijos. No esperaba ese golpe Guastavino, un golpe preñado de una lógica total, pero no lo esperaba. Tuvo que ocurrir en el comienzo del invierno de 1880. Nos lo imaginamos enderezándose a medias, apoyándose en el codo, escondido tras el bigotón que se ha dejado crecer. Se le dan mal los comentarios sardónicos a Guastavino, es más bien sanguíneo. En las construcciones tiende a subestimar los gastos de producción, en las personas, el peso de los secretos. Más que la decisión de Pilar, le escandaliza su frialdad, las consultas necesarias, el tiempo en que se macera el odio. Al final se queda sin palabras. Pilar las retoma: piensa llevarse a todos con ella. A todos no, dice Guastavino. Rafael no. El niño no. Y en eso cede Pilar demasiado rápido, casi estratégicamente rápido, tal vez porque lo había planeado, tal vez porque es consciente de lo mucho que podría complicarle la vida Guastavino si quisiera. Hay un suspenso que en realidad es una cesión. Guastavino revela –¿improvisa?– su intención de marcharse a Estados Unidos. Pilar contraataca con otro secreto bien cocinado: le ha retirado todo derecho sobre la herencia de su tío y piensa llevarse el dinero con ella. No me vas a hacer eso, dice Guastavino. Ya te lo he hecho, dice Pilar.

¿Quién dice qué cosas son imperdonables? ¿Lo dicen las leyes, lo dice la envidia, lo dice el honor, el ridículo honor, lo dices tú, Amadeo de Saboya, lo dices tú, Guastavino, lo dices tú, Pilar Buenaventura, lo dices tú, miedo? ¿Quién dice que no se pueden extender cartas de pagaré por valor de cuarenta mil dólares sin ninguna intención de devolverlos, cambiarle el nombre a un hijo de nueve años, embarcarse a Nueva York sin hablar una palabra de inglés solo porque se ha recibido una mención honorífica que en realidad no era honorífica, quién dice cuál de esos gestos es esencial, o, mejor, cuál de esos gestos nace desesperado y se hace luego esencial solo porque, gracias a él, Guastavino se convierte en Guastavino? No lo sabemos. No sabemos nada. Desconocemos hasta el peso real de cuarenta mil dólares, su peso crítico en papel moneda, las palabras que utiliza Guastavino para convencer a su amante Paulina Roig de que le acompañe a Nueva York con el pequeño Rafael y, por supuesto, sus dos hijas, porque de la vida solo nos llegan datos esquivos, acciones con las que no sabemos qué hacer, o peor, información que adoptamos solo si confirma nuestros prejuicios.

Y además existe el peligro de embellecer la partida de Guastavino, de llenarla de romanticismo o de épica criminal. Para desactivarlo bastaría algo real, sentir aunque fuera un segundo el olor a pescado podrido del puerto de Marsella el 26 de febrero de 1881 o ser mordido en el tobillo por algún perrito en mitad de ese caos de gente, pero como ninguna de esas cosas es posible y llegados a este punto nuestra simpatía está demasiado declarada, decimos que nadie detenga a Guastavino para ver cómo construye esas cúpulas de St. John the Divine, esos Smithsonian, esas Grand Central Station, en parte porque eso fue verdaderamente lo que ocurrió –nadie lo detuvo– pero también, no vamos a negarlo, porque nos parece tan divertido, tan español, que estafara cuarenta mil dólares. Amamos a los ladrones, digámoslo cuanto antes. Y cuando mañana por fin sea mañana y se alcen en Manhattan todos esos edificios, qué poco va a importaros también a vosotros esa estafa de cuarenta mil dólares y la furia de quienes pusieron en caza y captura a Guastavino en ese país seguramente de mierda al que no tenía ninguna intención de regresar.

El viaje es largo y a ratos hay que entretener a los niños. No sabemos si Guastavino cuenta alguna historia al pequeño Rafael y a las dos hijas de Paulina, no le va mucho a su carácter, pero no lo descartemos, la vida es imprevisible cuando quiere. No sabemos si cede el miedo a la cárcel que ha sentido durante esos días, ni cuántas veces lee el puñado de cartas de recomendación que ha conseguido reunir en el último mes para presentarse a los arquitectos de Nueva York. Suponemos que en algún momento hay alguna tormenta más fuerte de lo normal y que el miedo a morir en el océano aplaca el de ser encerrado, porque también en los miedos existen jerarquías y es razonable que un mal muy grande se extinga con otro mayor. Sabemos –porque lo cuenta muchos años después el propio Guastavino– que piensa en el gran incendio que ha sufrido Chicago diez años antes y que constituye la razón más importante por la que ha decidido migrar a los Estados Unidos. El célebre y mítico incendio de Chicago de 1871. Y también sabemos lo que sabe Guastavino sobre el célebre y mítico incendio de Chicago de 1871 porque es lo que ha leído en la prensa catalana y francesa diez años antes, a saber, que el 8 de octubre de ese año, alrededor de las 21.00, en el número 137 de DeKoven Street, más concretamente en el pequeño cobertizo que queda en la parte trasera del número 137 de DeKoven Street y en el que la familia O'Leary tiene varios animales, entre ellos, sabemos, una vaca, alguien se deja una lámpara de gas y esa vaca patea la lámpara e incendia el cobertizo, y tras él, la casa completa de los O'Leary, y tras ella, el barrio completo de los O'Leary, y tras él, casi la totalidad de la ciudad de Chicago.

Los artículos que lee Guastavino añaden –tal vez para tranquilizar al lector– que, a diferencia de las ciudades europeas, el incendio es tan desolador por una concatenación de circunstancias. Entre las inevitables se citan la sequía histórica que ha sufrido la ciudad y el viento del sudoeste, entre las evitables que más de dos tercios de las estructuras de Chicago están hechas de madera, la mayoría de las casas tienen techos cubiertos de alquitrán y el pavimento de las calles es también inflamable. Los números de la prensa se vuelven más catastróficos al cruzar los Pirineos, se dice que el fuego ha arrasado más de dos tercios de la ciudad, ha costado la vida a medio millar de personas y dejado sin hogar a cien mil. Con lógica consecutiva, se informa también de que a la tragedia ha seguido una explosión de saqueos, nuevas decenas de muertos y pérdidas ya incalculables y que tras varios días de caos se ha declarado el estado de sitio. Eso sabe Guastavino. Y el conocimiento de esos datos –terrorífico pero al fin y al cabo gestionable– ha ido creciendo en él como la mención honorífica de la Centennial Exposition de Filadelfia, primero una patita, luego la otra, hasta engendrar toda una criatura que, como afirma del fuego Vigenère en su *Traicté du feu et du sel,* parece «un animal insaciable que devora cuanto experimenta nacimiento y vida, un animal que, tras devorar todo, se devora a sí mismo».

Guastavino piensa entonces en el fuego. Sabe también que en 1863, en Nueva York, los *Draft Riots* han provocado el incendio de cientos de edificios, y que un año después, en 1872, otro gran incendio ha arrasado un cuarto de la ciudad de Boston. Sabe que el fuego está allí y que no faltarán vacas de los O'Leary, ni borrachos que olviden una vela encendida, ni revueltas, y que tras ellos habrá que reconstruir las ciudades con métodos ignífugos, porque un pueblo no puede ser tan idiota como para ver reducido a cenizas el fruto de su trabajo una y otra vez. Nueva York no puede ser tan distinto. La gente que vive allí no puede ser tan distinta. Eso piensa Guastavino. Y él tiene ese método.

II

Como buenos devotos, haremos una llegada triunfal para Guastavino, dibujaremos una ciudad de Nueva York en 1881 y le quitaremos todo lo que hoy conocemos como si en eso consistiera el realismo: siete millones de habitantes, el registro de Ellis Island, la broma pesada de la Estatua de la Libertad. Haremos desaparecer de un plumazo sus rascacielos, todos sus puentes del East River menos el de Brooklyn, y ese lo dejaremos a medio construir con una torre en mitad del río que Guastavino contemplará asombrado como si fuera un palacio delirante. Diremos –con intención de epatar– que ese era entonces el punto más alto de la ciudad, cosa que tiene la ventaja de ser cierta, y al puerto le pondremos mucha miseria, una miseria con varias decenas de barcos negros que se bambolean como un bosque elástico, en parte porque no somos imaginativos, pero también porque la pobreza real es poco lucida y el hambre verdadera nada espectacular.

Basándonos en las fotografías que conservamos del

Castle Clinton, donde estaba la aduana en 1881, cons-
truiremos también una oficina de papel maché para
Guastavino, Paulina Roig y los tres niños, los rodea-
remos de un centenar de extras con aspecto de parias
europeos, un poco amenazadores pero no mucho, para
que entre ellos se produzca algún guiño circunstancial,
ya que al fin y al cabo también ellos huyen o buscan
algo, lo que muchas veces –valga la paradoja– son di-
recciones coincidentes, y cuando salgan a la calle, a esa
primera calle de Nueva York, les pondremos en medio
un tramo enlodado como para un rodaje de Holly-
wood en el que a Paulina Roig y a sus hijas se les man-
chará el vestido (premonición), y un niño que podría
tener nueve años pedirá unas monedas a Guastavino
dando a entender –cosa que, de nuevo, tendría la ventaja de ser cierta– que muchas personas que han llegado a la ciudad hace no tanto ahora son indigentes, o
peor, criminales, o peor, están muertas, como lo de-
muestran miles de documentos de los que no hay motivo para dudar. No dudemos entonces: eso fue lo que
pasó, punto por punto.

Y, puestos a no dudar, no dudaremos tampoco de
lo que cuenta el nieto de Guastavino en las memorias
de su padre y de su abuelo, a saber: que a Guastavino
le costó mucho adaptarse a algunas cuestiones básicas
relacionadas con su nuevo país, como que no hubiera
vino (!) o que la gente mascara tabaco y escupiera un
mejunje repugnante. La omnipresencia –sobre todo–
de las escupideras desanima a Guastavino más que
ninguna otra cosa, un dato lo bastante absurdo como
para ser maravillosamente creíble: haber destrozado

una familia, haber estafado cuarenta mil dólares, haber cruzado el océano y sin embargo descorazonarse porque la gente escupe. Así somos.

Además, se sabe, la tierra no es redonda en todas partes. La lengua se revela como el lugar de la gran humillación. Empieza en la calle, pero Guastavino no le da mucha importancia. El maldito inglés. Al principio es solo una molestia, parece que va a arreglarse, tal vez incluso se toma el trabajo de contratar a algún profesor, pero los días pasan y no se arregla, sigue siendo igual de incomprensible o él igual de inútil, una humillación que él no sabe, pero nosotros sí, que durará toda la vida; el maldito inglés. Sucede también en los primeros encuentros con los arquitectos para los que ha traído sus cartas de recomendación, esos encuentros que se había prometido tan felices. Se le acaban los tres giros que ha aprendido de memoria y –por si fuera poco– pronuncia mal, y a la cuarta vez que se ve obligado a repetir *What,* o peor, a huir hacia delante sin haber comprendido, Guastavino siente que esa humillación le electriza el cuerpo y lo deshace por partes, poniéndole envarado primero y violento después.

Eso cuando consigue que le tomen en serio. Tras una hora de malentendidos, Guastavino explica que él es capaz de realizar todo tipo de cubiertas y bóvedas de mampostería con un sistema económico, cohesivo, para el que apenas hacen falta andamios y, sobre todo, ignífugo, *fireproof,* repite una y otra vez,

32

fairpruf, fairpruf, fairpruf, hasta que el arquitecto yanqui sonríe y acaba repitiendo, *yes, fireproof,* con una entonación levemente distinta y le explica en contrapartida que, por muchos siglos que tenga ese sistema, en este país ningún arquitecto querrá comprometerse con un tipo de construcción sin base teórica que además parece requerir unos ladrillos planos, *sir,* que aquí no existen, unos azulejos, *Mr. Wastabiiino,* que aquí nadie fabrica, un cemento, *my friend,* en cuya homogeneidad no se puede confiar, y una mano de obra, *my dear colleague,* que habría que importar porque aquí lo único que hay son unos albañiles irlandeses e italianos a los que, con suerte, se les puede hacer plantar un ladrillo sobre otro, eso cuando se consigue que lo hagan a derechas y no se descalabran borrachos desde el andamio.

La propia ciudad es una masa inhóspita de dos millones de habitantes. Desde el puerto hasta Houston Street no hay más que *tenements* donde se hacinan cientos de miles de personas. No es mentira lo de la escoria de Europa. Una escoria, además, degradada, sin esperanza de prosperidad, sumida en la delincuencia y en trabajos infrapagados, con una tasa de mortalidad capaz de romper el techo del país más pobre. Es como si esa masa de desdichados hubiese cruzado el mundo desde sus miserables pueblos italianos, irlandeses, rumanos, turcos, pasado todo tipo de calamidades e invertido hasta el último céntimo ahorrado con sangre para abrazar aquí un hambre idéntica y, encima, urbana, como si toda esa masa hubiese protagonizado una fábula siniestra sin más dignidad que la de la mera supervivencia y solo les restara hundirse y desaparecer en la tierra que tan insensatamente les ha hecho brotar. Guastavino no ha visto nunca una miseria así. No tiene referencia mental para esa hambre. No sabe qué hacer con ella. Tampoco nosotros sabemos qué hacer con ella, pero la única forma de pensar es decir y no hay más modo de avanzar que ser imprecisos.

Y tampoco es mentira esa cuadrícula que se extiende a partir de Houston Street hacia el norte en una extensión de diez avenidas y más de ciento veinte calles, una pesadilla urbanística a la que bien habrían podido bautizar «la gran jaula» porque asfixia a la ciudad, dejándola sin espacios públicos aparte de tres o cuatro parques diminutos y un monstruoso bosque al que, no se sabe si irónicamente, llaman Central Park. En el Bowery los ferrocarriles elevados hacen temblar las construcciones de madera o de piedra y mortero que están a su alrededor. De cuando en cuando alguna se desploma con todos sus habitantes dentro, o se pone a arder y quema una manzana completa, porque alguien ha dejado una lámpara de aceite encendida o porque a veces la mugre arde sin más, espontáneamente, de puro asco.

Y están los edificios. Todos esos edificios a los que es imposible no mirar, pastiches construidos por gente que se hace llamar arquitecto y solo conoce los rudimentos de la albañilería. Hay que mantener la mirada sobre esos edificios, como Guastavino, fijar

34

la mirada hasta que se siente el cansancio. Después de semanas machacando a Paulina con que están entre bárbaros, Guastavino se sienta frente a alguno de ellos y se rompe la cabeza tratando de decidir qué demonios es eso. Y podemos imaginar también una especie de epifanía doméstica, nada demasiado epatante, pero sí iluminadora: Guastavino comprendiendo de pronto que ese país al que ha llegado sencillamente no tiene arquitectura como no tiene historia, que, hablando con propiedad, la arquitectura no existe, que lo único que hay es un puñado de edificios y estructuras reducidos a su condición más elemental, unos cimientos, un techo, cuatro o cinco ventanas, porque la gente tiene que dormir y comer y reunirse, formas robadas de Europa como animales arrastrados a la fuerza hasta un zoo a miles de kilómetros de distancia. Hasta los plagios son arbitrarios y circunstanciales, recortados y empleados sin el menor gusto. Ni siquiera en los materiales hay atisbo de nobleza: madera y estructuras de metal cubiertas de yeso. Más que un espacio real, la ciudad parece el atrezo de ópera más grande del mundo. No lo decimos nosotros, en su *The Nature and Function of Art* el arquitecto Leopold Eidlitz describe la arquitectura de Nueva York en 1881 como «el arte de cubrir un objeto con otro para imitar a un tercero que tal vez habría podido considerarse original, si no hubiese resultado indeseable», una frase que seguro habría hecho reír a Guastavino y que sabemos que no leyó, porque la habría citado en algún sitio.

Pero bajo ese desastre hay también una pulsión que no ha visto nunca Guastavino, una furia por construir, por hacer, hacer, hacer, que reconoce, y, más aún, adora. No sabe qué es ese aroma maravilloso, pero sabe que es maravilloso y tan indudable como ese dinero que *sí* tiene la otra mitad con sus mansiones del Bronx y su tosquedad de nuevo rico que Guastavino reconoce tan bien porque es la suya, y era la de su tío Ramón, y que tan poco se parece a la burguesía de los Güell, los Muntadas, los Oliver, los Blajot. Es como si hubiesen educado a un niño muy inteligente suprimiendo en su instrucción todo lo relacionado con la estética y ese niño hubiese hecho todo con eficacia; resolver su independencia, desarrollar su carácter, crecer, pero en el momento en que hubiese tenido que decidir la belleza no hubiese podido evitar permanecer niño para siempre, saltar de un lugar a otro como un insensato, fascinado por cualquier brillo.

Y está el frío también. El frío que acaba con Paulina Roig. Solo unos meses después de haber llegado, tras muchas peleas y tomando como pretexto cualquier cosa, harta de pasarse semanas encerrada en esa ciudad de mugre en la que no se le ha perdido nada y en la que tampoco entiende una palabra, Paulina hace de nuevo sus maletas, coge a sus dos hijas y regresa para siempre a Barcelona. Guastavino se queda solo con Guastavino. Qué gran escena dickensiana podría hacerse aquí: padre e hijo en pleno invierno tras la partida de Paulina, en medio de esa ciudad inventada. Qué escena memorable.

III

No conocemos el hambre: no podemos imaginar el hambre, no conocemos el exilio: no podemos imaginar el exilio, pero sabemos que la infelicidad solo está hecha de impresiones, tanto más en el caso de Guastavino.

De entre las muchas cosas que no sabemos, está la de cómo pierde esos cuarenta mil dólares que lleva a Nueva York. Casi todos los textos sobre su vida hacen una transición apresurada desde esa llegada triunfal hasta –solo un año después– un Guastavino que vive en la calle 14 empleado como dibujante por la revista *The Decorator and Furnisher* por veinticinco dólares a la semana. Sabemos –porque lo cuenta William Blodgett, más tarde tesorero de la Guastavino Construction Company– que, harto de pasear de despacho en despacho, Guastavino empieza a construir un edificio de viviendas sin asegurar, en su impaciencia, todas las formalidades de la propiedad. Cuenta Blodgett que, cuando Guastavino pide un préstamo para terminar la construcción, las mismas personas a las que había pedido el dinero se dan cuenta de esa formalidad y lo «despluman» de la noche a la mañana. «Los americanos se quedaron con sus 40.000 dólares y él con la experiencia.»

Esos americanos que despluman a Guastavino parecen una emanación lógica de la ciudad de Nueva York. Hay algo expeditivo en la manera en que lo relata Blodgett, «the americans had his $40.000 and he had the experience», un golpe seco, como el de esos sicarios que decía Riis que podían contratarse en los *tenements* del Bowery para matar por menos de cien dólares al que se había señalado con un guiño. Vamos a llamar a eso verdad.

Lo que no cuadra entonces es que alguien que había demostrado tanta entereza y hasta, si se quiere, pocos escrúpulos diera por perdidos cuarenta mil dólares y se pusiera a dibujar interiores moriscos como un colegial por veinticinco a la semana. Algo no encaja con Guastavino, o tal vez con lo que hemos decidido que es Guastavino. La simpatía que generaba el ladrón no la genera el pusilánime. Y es que, si hay algo en lo que coinciden todos los que lo tuvieron cerca alguna vez, es en lo impresionantemente arrollador de su carácter, lo convincente, seductor, rápido, expansivo, audaz, apasionado, hasta gracioso, que podía llegar a ser Guastavino. Esa glotonería mediterránea de vivir y construir, que a ratos nos resulta tan simpática y a ratos menos, contrasta también con los defectos propios de sus virtudes, a saber: su brusquedad, su secretismo profesional, su nulidad para calcular los gastos de obra, su insensatez para bordear la bancarrota, esos defectillos que a veces se suavizan con la experiencia y a veces no, unas veces construyen un gran hombre y otras veces un tremendo idiota.

Solo los detalles que transmiten un sentimiento real tienen la virtud de devolvernos la vida. Sabemos que, preocupado por la educación del niño al que ha sacado de España con tan solo nueve años, Guastavino busca algún internado a la europea con pocos alumnos. Quiere evitarle hasta donde sea posible la humillación del idioma y acaba encontrando la solución en un anuncio de prensa: una escuela de primaria en South Wilton, Connecticut.

Lo que sigue podemos imaginarlo con o sin niebla: el tren desde Nueva York hasta South Wilton, la tarde de marzo, padre e hijo en la estación como dos electrones errantes. Lo relata el nieto con la mala prosa y la emoción de quien atestigua el recuerdo de su padre. Cuenta que padre e hijo hicieron el viaje en silencio, avergonzados casi, que recorrieron también en silencio el sendero de tierra que separaba la estación de la pequeña escuela: una casa en la que vivía una docena de muchachos. La institución estaba regentada por el matrimonio Whitlock, y aquel sitio en mitad de la nada se convirtió en su hogar durante los dos siguientes años. Los Whitlock eran amables, pero el resto de los niños se cebaron con él a causa del idioma. De nuevo el maldito inglés, el inglés como una tortura compartida. Y aunque –dice también el nieto– Guastavino iba a visitarle desde Nueva York siempre que se lo permitían sus obligaciones, la sensación de abandono en tierra extraña no se esfumó jamás. Abandonado por partida doble, el nieto reivindica la dignidad y el valor de ese niño de nueve años que fue su padre. Aunque para creer por completo ese relato tal vez el narrador tendría que abandonar un poco el despecho y el lector el escepticismo.

Nosotros, sin embargo, creemos. Creemos en la narración de Guastavino, siempre llena de apariciones, de milagros en el último minuto. Cuando la situación económica empieza a ser insostenible, uno de los arquitectos que forma parte del comité del concurso para la construcción del Progress Club ve uno de los dibujos que ha realizado en *The Decorator and Furnisher* y le invita a participar. El dibujo es un interior morisco, como no podía ser de otra manera, a cada cual su propio pastiche, pero el arquitecto está realmente fascinado y la invitación es honesta.

Nos imaginamos, porque somos de naturaleza cruel, a Guastavino lanzándose de cabeza a ese *Spanish Renaissance style* de la misma forma que un enfermo bebe una pócima de la que renegó cuando estaba sano. Allá va nuestro Guastavino, salvado por las hadas, ganando su primer concurso como arquitecto en Estados Unidos y comprando con los beneficios algunos lotes en el Upper Manhattan para construir nuevas viviendas. Morisco me queríais, morisco me tendréis. Y además el Progress Club le lleva a un nuevo encargo, la construcción de una sinagoga en Madison Avenue, y a la amistad con el empresario Bernard Levy, que le encarga también el diseño de unas casas adosadas en la calle 78.

Necesitamos creer en la narración de Guastavino, porque ahí siguen, de hecho, esas casas adosadas de la calle 78, por mucho que el Progress Club y la sinagoga sean polvo de yeso hace más años de los que se pueden recordar. Hay algo conmovedor en su sencillez, en su ladrillo rojo con leones de decoración blanca. A una le ha puesto Guastavino unos lobulitos semigóticos, a otra un friso griego chiquitín y con un ingenio económico, el de los ladrillos a la inversa, la decoración en uno de los lados parece un taqueado jaqués. Somos devotos, por eso nos gusta por partida doble que sean unas casas sencillas. Habríamos pasado frente a ellas despistados si no hubiésemos sabido que eran de Guastavino. Ahora que lo sabemos nos gustan mucho más, tienen la gracia de los rostros familiares de los que nos enamoramos y a los que acabamos mirando sin pudor.

¿Cómo ve Guastavino Nueva York durante esos dos años que pasa a solas, separado del niño, con pequeñas obras aquí y allá? No como lo vemos nosotros, eso por descontado, con esa forma entre rendida y cínica con que miramos nosotros Nueva York, enterados siempre de lo malo pero agachando la cabeza aquí y allá porque la majestad no admite réplica. Para Guastavino las cosas no debían de ser tan sencillas.

Nos lo imaginamos pensando que tal vez había juzgado demasiado pronto esa ciudad que engulle todas las semanas a dos mil personas y las deja Dios sabe dónde, contemplando esos rostros chinos, negros, turcos, centroeuropeos, anglosajones cociéndose a fuego lento en un *melting pot* descomunal.

This is the city... and I am one of the citizens, sabemos que sintió Whitman y suponemos que también Guastavino. Con un poco de imaginación podemos verle terminando el mamotreto morisco del Progress Club, asombrado por la forma en que la vida ha negado y confirmado sus expectativas, gritando en un inglés macarrónico *completely wrong* y *absolutely wrong,* las dos frases, según Blodgett, que repetía con más frecuencia en las obras. Enérgico, vital, calvo.

1887. Consigue entonces sus tres primeras patentes *para la construcción de edificios ignífugos.* A partir de ahora solo Guastavino podrá construir bóvedas tabicadas en Norteamérica. Como quien patenta la rueda, Guastavino se apropia de ese sistema empleado desde hace siglos para cubrir naves de iglesias, hacer forjados y escaleras, pero a nadie parece preocuparle demasiado en Nueva York, entre otras cosas porque todas esas bóvedas finas como una cáscara de huevo y esas escaleras elásticas les parecen una idea delirante, pero más que nada porque hasta ese día no había habido ni una sola persona que hubiese tenido noticia de su existencia, ni –evidentemente– la menor intención de emplearlo. Y tampoco es que Guastavino lo tenga más fácil por conseguir esas patentes. En el fondo da igual que repita *fairpruf, fairpruf,* cada vez que se cruza con un arquitecto o que emplee el sistema en los edificios que él mismo construye para demostrar que es efectivo, la gente sigue desconfiando porque aquí, *my dear colleague,* la temperatura no es la del Mediterráneo, aquí los yesos se parten en invierno y en verano el calor es tan sofocante que apenas se puede respirar. Eso por no hablar de que los primeros ladrillos planos que emplea son tan malos que a los pocos meses empiezan a caerse en algunas de sus primeras obras. Y entonces: ¿Era este, *Mr. Wastabiiino,* el sistema del que nos hablaba? ¿Era este, *my friend,* el sistema revolucionario, cohesivo y económico? Denos al menos el beneficio de la duda.

Pasan dos años. El tiempo pasa rápido aquí. No sabemos si Guastavino va a buscar a su hijo porque se siente desdichado o si es la desdicha la que acompaña el regreso. Los dos acontecimientos pueden ser correlativos, si no simultáneos, porque ambos suceden en 1884, el mismo año del pánico financiero provocado por la quiebra de la Grant & Ward, el Marine National Bank y el Penn Bank de Pittsburgh. El efecto en cadena de esa quiebra se lleva por delante más de cien mil empresas, entre ellas la del emergente y ya accidentado Guastavino. Otro golpe, quién sabe si definitivo. Años más tarde lo relata él mismo en su *Ensayo sobre la construcción cohesiva* con una frase lo bastante seca como para ser convincente: «los obstáculos y dificultades parecían insuperables y estuve a punto de perder la esperanza». Como en todas las frases que anuncian en retrospectiva una angustia real, en ese «estuve a punto de perder la esperanza» hay una negación obstinada, sentida tantas veces con todo el cuerpo, que se desactiva al nombrarla. Una paradoja corriente: cuanto más intenso es un sentimiento, más fácil se convierte en lugar común.

Sabemos que, tras meses sin poder asumir sus gastos, abandonado por sus propios pagadores, y tras una nueva estafa en los lotes que había adquirido, Guastavino viaja a Connecticut, se presenta en casa de los Whitlock y le dice al matrimonio que a partir de ese momento él se encargará personalmente de la formación del muchacho. Para hacerle creer en una infancia feliz, Guastavino le cuenta a su hijo que lo recoge por amor, una mentira más verdadera que la verdad. Su onda expansiva se extiende en el relato del nieto: Guastavino enseñando a su hijo a dibujar en la redacción de *The Decorator and Furnisher,* escondiendo sus pocas posesiones en un almacén y trasladándose a vivir a escondidas a la misma redacción de la revista.

Hay una épica familiar en la forma en que detalla que, al final de la jornada, padre e hijo fingen estar más atareados que nunca en sus mesas de trabajo, y que cuando el resto de los empleados regresa a sus casas, ellos tienden un catre en el suelo y cocinan en un hornillo tapando las bases de las puertas para que no les descubra el vigilante nocturno. Y también sigue esa música cuando concluye que Guastavino deja de tocar el violín por las noches no porque ya no le dé placer, sino por te-

44

mor a que le obliguen a empeñarlo para pagar sus deudas. Podemos creer o no creer al nieto, pero, una vez más, el miedo sigue intacto. Para llegar a él, habría que atravesar las capas de la autocomplacencia de la historia, restaurar sus mentirijillas decorativas, borrar quizá a ese guardia nocturno tan sospechosamente literario que pasa de cuando en cuando sin darse cuenta de que, tras la puerta de la redacción, padre e hijo duermen en un catre, darle a la angustia su verdadera dimensión inaplazable, esa angustia que alguna vez hemos sentido también nosotros y que tan fácilmente olvidamos cuando estamos alegres.

IV

Háblame, oh, musa, de ese varón de multiforme ingenio que, en el centro de su desesperación, y sabiendo que en Boston se empieza a construir la biblioteca más grande del país, acude al estudio de arquitectura McKim, Mead & White, al que se ha asignado la obra. Háblame de cómo el 27 de marzo de 1889 tiene un encuentro con McKim en Nueva York y solo un día más tarde ya está en Boston, al pie de esa futura biblioteca que asombrará al mundo, asegurando que con su sistema de bóvedas puede abaratar en miles de dólares la construcción del edificio. Háblame de cómo consigue convencer a todos con su inglés macarrónico, cómo construye allí mismo, en apenas un día, una bóveda de diez metros de diámetro y siete centímetros de grosor para mostrar su resistencia y pone sobre ella más de cinco toneladas en sacos de arena, cómo solo una semana más tarde ya trabaja para ellos como constructor y con el cuatro por ciento de los beneficios que le corresponden agrupa todos sus proyectos bajo una empresa que cambiará la arquitectura de los Estados Unidos: la Guastavino Fireproof Construction Company.

Hay incluso una fotografía que lo atestigua, toda una escenografía diseñada por el propio Guastavino el 8 de abril de 1889: en ella se le ve sobre el arco guía de una de las bóvedas con las manos en los bolsillos, como un funambulista con sombrero. A su alrededor, cuatro albañiles flotan sobre el andamio poniendo ladrillos bajo la atenta mirada de su señor. Tienen que hacerlo a toda prisa. Guastavino se ha comprometido a cubrir quinientos metros cuadrados de bóvedas, prácticamente la totalidad de las cubiertas de ese palacio para el pueblo, o palacio de la cultura para el pueblo, como lo llama el estudio McKim, Mead & White.

Atrás queda esa arquitectura de pegotes de Nueva York. Esto es distinto. El *ritornello* que podría parecer chusco del palacio para el pueblo, o del palacio de la cultura para el pueblo, un día, al fin, empieza a sonar democrático. El propio Guastavino dice palacio de la cultura para el pueblo y las palabras adquieren una consistencia emocionante, como sus bóvedas cuando fraguan, algo que no había sentido jamás en Valencia, ni en Barcelona, ni por descontado en Nueva York.

Y también una de esas tardes, suponemos de las primeras, cuando terminan de construir una de las bóvedas y aún están decidiendo cuál es la mejor manera de enyesarla, como es la costumbre, mientras pasean orgullosos como solo pueden pasear orgullosos un arquitecto yanqui y un constructor español, McKim o Guastavino, no sabemos quién, comenta lo bonitos que son los patrones de los azulejos y la pena que supone tener que cubrirlos. Tal vez Guastavino relata entonces lo que le fascinaba en su infancia la bóveda de las Escuelas Pías, pero McKim insiste, *my dear colleague,* en lo bonitos que son *estos* azulejos y Gustavino se saca un comodín de la manga. Siente que le electriza la espina dorsal su propia ocurrencia y, como la audacia ya ha favorecido al audaz, esta vez dispara a bocajarro: *déjelos expuestos.*

«Las leyes», decía Godwin, «no son el fruto de la sabiduría de nuestros antepasados, sino el retrato de sus improvisaciones, sus envidias y su ambición.» Otro tanto podría decirse de los versos inmortales que plagian versos mediocres, de las vacunas que se descubren por accidente, de las cúpulas de mampostería en las que la estructura —lo más ínfimo de lo ínfimo— se convierte en identidad nacional.

Sabemos que nadie, ni en España ni en ningún sitio, había dejado antes expuesta esa trama de azulejos. Ahora que nuestra mirada se ha acostumbrado a ella parece mentira que se le ocurriera a Guastavino, pero así es como ocurrió, y además necesitamos que Guastavino se convierta ya en Guastavino. Le hemos hecho soportar la penuria necesaria, como si eso garantizara una especie de seriedad, ahora nos gusta su sentimiento de revancha cuando triunfa. Y por su-

48

puesto que trabaja como un mulo, si no fuera así no le habrían salido esas cuadrículas como banderolas de barco, todas esas series que, unidas a la propia curvatura de la bóveda, quedan de pronto tan bonitas, industriales y domésticas a la vez.

Aquí, en el centro de este libro lleno de parches y blancos de información, tan reprochable, suponemos, en tantos sentidos, hay algo que no es reprochable, algo en lo que no hay duda: esa noche en que Guastavino regresa a su hotel de Boston con la cabeza caliente después de haber paseado con McKim bajo las bóvedas en construcción de la biblioteca pública de Boston y coge, imaginamos, unas pequeñas tablitas de la misma forma de los azulejos, o tal vez, quién sabe, los propios azulejos, unos azulejos que ha traído en una bolsa desde la obra, y los pone sobre la mesa, o sobre el suelo, y empieza a hacer diseños, una larga aquí, otra corta allá, o dos cortas y una larga, para que cierre la curvita del patrón y se repita, o la sempiterna espinapez, esa trama repetida en millones de construcciones desde Asiria, Roma, Bizancio, desplegada por las calzadas de toda la Europa medieval y que acaba convirtiéndose también en la marca de la casa Guastavino. Ese momento que es tan banal en realidad por mucho que sus repercusiones sean totales, que ni siquiera así deja de ser banal, ese es el momento que nos asombra.

De ahora en adelante Guastavino y Guastavino repetirán esos patrones en cientos de bóvedas de bancos, iglesias, gimnasios, auditorios, piscinas, bibliotecas, estaciones de tren, casas privadas, bajos de puentes. Se convertirán primero en la marca de la Guastavino Fire-

proof Construction Company y luego en la textura de
la arquitectura modernista norteamericana, esos patrones sencillos, puestos el uno junto al otro, reconocibles,
milenarios algunos, más refinados otros, son los que
provocarán que las personas que vean esos edificios a lo
largo de su vida, desde que son niños hasta que llevan a
sus niños a verlos, valga la cursilería, no solo los reco-
nozcan, sino que los adopten como ciudad histórica.
Los que conviertan a Nueva York en Nueva York.

Y tras el hallazgo, su relato mítico. Se invita en dos
ocasiones a Guastavino a hablar en el Massachusetts
Institute of Technology (MIT) ante la aristocracia al
completo de la arquitectura norteamericana. En la primera charla, y según el diario de reuniones, Guastavino construye frente al auditorio una de sus bóvedas
para mostrar su técnica. Habla lo imprescindible y salva la papeleta gracias a su vis teatral. No descartemos
que se suba a la misma bóveda que acaba de construir.
La segunda, lo sabe, es la importante. Viene precedida
de un título pomposo: *Teoría e historia de la construcción cohesiva*. No se trata solo de una conferencia en la
tribuna más importante del país, es también una pre-
sentación en sociedad y un relato.
Queremos escuchar esa conferencia, queremos
prestar atención en esa sala en la que el director del
MIT presenta a Rafael Guastavino como el único re-
presentante de la arquitectura cohesiva en nuestro
país, un tipo de construcción, amigos, que yo mismo
tuve dificultades para comprender hasta que el propio

Wastabiiino me explicó que forma parte de la gran tradición clásica, una hermana menor si se quiere, aunque no por eso menos noble si atendemos a sus posibilidades en esta biblioteca (aquí, aplausos), pero que, a diferencia del *opus caementicium* del Panteón o de la construcción de las bóvedas de rosca bizantinas, emplea solo el ladrillo, un tipo de ladrillo plano, como tuvimos ocasión de ver en la primera de sus intervenciones, parecido a la teja, que permite una construcción casi sin andamios de un arco base sobre el que se planta una primera línea de ladrillo plano y que fragua a gran velocidad gracias al yeso, a la que se superponen, lo vimos, otras dos capas, con cemento Portland de través, *et voilà*, concluye en una única pieza monolítica, apenas sin empuje lateral, que puede horadarse sin colapsar y, por si fuera poco, ignífuga. La teoría moderna, amigos, encuentra dificultades para explicar estos fenómenos de resistencia y podríamos pensar que los ingenios y constructores que levantaron esas bóvedas en el pasado están muertos y enterrados junto a la misma arcilla en que cocieron sus ladrillos, podríamos pensar que se llevaron con ellos sus secretos si no tuviéramos entre nosotros a este ingenio español que nos ha asombrado con la audacia de sus soluciones. Amigos, os pido un aplauso para Raphaelll Wastabiiino.

Y entonces, el cuento de hadas. Queremos darle cierta dignidad en esta ocasión, nada de calvicies, nada de aspecto robusto y español. Primero son necesarias unas pinceladas geográficas, decir que en Barcelona reside una familia llamada Muntadas, industriales pertenecientes a la aristocracia de Cataluña, y que un miembro de esa familia posee una rica y extensa propiedad en Zaragoza llamada «Monasterio de Piedra». Hay que añadir luego que él, Guastavino, recibió en octubre de 1871 una invitación para acudir a esa finca y que fue justo allí donde tuvo oportunidad de ver una gruta inmensa, una de las obras más sublimes y extraordinarias de la naturaleza. «Imagínense la Trinity Church de Boston cubierta por una enorme bóveda natural, soportada por muros de la misma naturaleza, con estalactitas de todas las formas y tamaños suspendidas del techo como grandes arañas. Por pavimento, un lago, que recibe la luz únicamente a través de una gran apertura como el rosetón de una catedral y desde el que se precipita una cascada de más de sesenta metros que adquiere la forma de una "cola de caballo", que es como se la conoce.»

Guastavino da una pequeña tregua en la descripción ensoñada, dice que en ese momento de su vida él acababa de abandonar Barcelona tras haber construido varios edificios, entre ellos la fábrica de los Batlló, en la que creía haber hecho una gran aportación al sistema cohesivo, pero que mientras contemplaba la cascada de agua que se precipitaba en aquella inmensa gruta se sintió invadido por «el pensamiento de que todo ese espacio colosal estaba delimitado por una sola masa de cimientos, muro y techo, una masa construida sin cimbras ni necesidad de transportar pesadas piedras ni andamiajes; aquella gruta era un todo compuesto por partículas colocadas unas sobre otras, tal como la naturaleza las había dispuesto. Desde ese momento quedé convencido de que nuestro sistema constructivo era muy pobre, a pesar de que poseíamos el material necesario para realizar esa clase de edificios siguiendo principios naturales».

Más que un hallazgo, esa gruta es una epifanía: «¿Por qué no construimos aplicando ese sistema?» Una pregunta retórica, cuando en realidad Guastavino es el único que lo aplica. El mito de la arquitectura monolítica regresa en las palabras de Guastavino como la melodía de un encantador de serpientes. Para construir la modernidad, restaurar la antigüedad, traer a Boston y a Nueva York el sistema con el que se construyeron «los muros de mortero hidráulico de Babilonia, las bóvedas y cúpulas de los asirios, los persas, los árabes, los romanos, los bizantinos». Renegar de la indignidad de esa arquitectura gravitatoria que puede desmontarse en cualquier momento y en la que los ladrillos que «ayer formaron parte de la tumba de un héroe pueden ayudar a construir mañana los muros de un establo», no, la arquitectura cohesiva no da pie a reutilizarse en nuevos edificios, por eso, insiste, hasta «sus ruinas producen respeto y veneración, porque solo la Naturaleza, con su lento pero seguro trabajo de desintegración, puede tomar el material de sus construcciones para su inmenso y eterno laboratorio».

Y así Guastavino da en la clave.

V

Sabemos que el niño crece y deja de ser un niño, que Guastavino vuelve a enamorarse, esta vez de una joven institutriz mexicana quince años menor que él: Francisca Ramírez. No sabemos dónde la conoce, pero sí que, tras un año de noviazgo y gracias a los nuevos ingresos de la biblioteca de Boston, se trasladan en 1890 a una casa en el Upper West Side y se presentan a los vecinos como el señor Guastavino y sus dos hijos: Rafael y Francisca. Al final, para guardar las formas acaba pareciendo la opereta de don Pascuale. Francisca llama «pelón» a Guastavino. No sabemos cómo le llama su hijo, seguramente nada. A los veinte años ya trabaja a tiempo completo en la oficina de Nueva York y, como buen cachorro de león, consigue entonces su primera patente, una adenda que perfecciona la bóveda tabicada de su padre.

Queremos creer que esa noche se abre un buen licor en la casa y se dan unas palmadas en la no tan robusta espalda del hijo. Nos gusta esa familia ensamblada con su linda mexicana y el hijo adolescente. Esa noche al menos no es como si fueran de otro planeta, pertenecen desde siempre a Nueva York. Guastavino no tiene más estudios de arquitectura que la práctica a pie de obra desde la infancia, pero es buen dibujante. Cada día es más aficionado a los cálculos de tensión. Con ayuda de uno de los ingenieros que siempre ha ayudado a su padre, comienza a realizar gráficas estáticas para medir las tensiones y la resistencia de las bóvedas, todo un haz de líneas meticulosamente trazadas sobre los planos, a los que siguen unos complejos cálculos matemáticos. Es la primera vez que Guastavino supera a Guastavino. Una humillación menor. O tal vez no; una celebración, pero en esta no se abren botellas ni hay palmadas en la espalda, solo el sordo reconocimiento con que los padres megalómanos celebran a los hijos cuando cometen la imprudencia de superarlos. Los hechos no son nunca el esplendor de las vidas. Insistimos e insistimos –tal vez por la absurda creencia de que hacerse comprender lo es todo–, pero nuestras acciones no son más que el principio del malentendido.

Sospechamos que conviven en una armonía relativa. Para afirmarlo tenemos los fragmentos de unas cartas que Francisca escribe a Guastavino varios años después desde Carolina del Norte hablándole afectuosamente de su padre o que Guastavino contesta a Francisca comentándole asuntos de trabajo, como quien se dirige a una madre a quien le da pudor mostrar demasiado su afecto. Sospechamos que conviven bien porque uno de los Guastavino es obediente allí donde el otro es egoísta y sus acciones resultan más comprensibles desde ese lugar que desde el odio, pero si aislaran las nuestras y las explicaran escuetamente dentro de cien años, más de una parecería lo contrario de lo que fue.

Sospechamos, también, que viven en armonía porque Guastavino se vuelve atrevido. Dispuesto a demostrar a todo el mundo que sus construcciones son realmente ignífugas, construye una bóveda en la calle 68, avisa a la prensa y a los agentes de seguridad de la municipalidad y el 2 de abril de 1897 hace la mayor valencianada de la que se tiene constancia en las calles de Manhattan: le prende fuego y la hace arder durante cinco horas. Por si no había quedado claro, cuando se apaga, pone encima cincuenta toneladas para probar su resistencia. Le habría faltado subirse a lo alto y darse golpes de pecho. Hacer una paella con las brasas.

Hablemos ahora de Blodgett.
William Blodgett.
«There is a tide in the affairs of men», dice en sus memorias cuando relata la tarde en que un hombre llamado Hoffman, socio de un constructor español, entra en una oficina buscando un contable y acaba contratándolo a él. «Los asuntos humanos tienen sus mareas.»

Blodgett es el mirlo blanco de esta historia. Si no hubiese habido un Blodgett, no habría habido un Guastavino, lo que no es exagerado y debe ser dicho con franqueza. Blodgett es quien salva de la ruina a

Guastavino evitando que se descalabre en más de una inversión, el empleado eficaz, el nativo en el momento preciso, el oficinista asustado de un jefe iracundo, el americano ansioso por prosperar, el creyente máximo de la religión guastaviniana que reflota la compañía con sus ahorros, el oportunista que compra el negocio. «Los asuntos humanos tienen sus mareas.»

«Y Guastavino», dice Blodgett en sus memorias, «era un hombre brillante, errático, amable, nervioso, interesante y enérgico. Tremendamente inestable en muchas cosas y descuidado en asuntos financieros.» Debió de corregir muchas veces esa frase con la que presenta a su benefactor. Tuvo que sustituir más de una vez los adjetivos para que sonaran críticos sin dejar de ser elogiosos. No puede haber, de hecho, nadie más distinto a Guastavino que esa mezcla entre vaquero e hijo de familia pródiga de Nueva Inglaterra, ese contable flaco con vocación de sheriff tan capaz de marcar a una vaca como de hacer un balance de gastos. Del mismo modo que no sabemos nada del miedo de Guastavino, no sabemos nada de la tozudez de Blodgett. Resulta tan difícil explicar su empeño en asociarse con Guastavino como entender ciertos matrimonios, pero ese es el misterio de Blodgett, un misterio que no se desvelará aquí ni en ninguna otra parte porque no se tomó la molestia de explicarlo.

Lo que sí sabemos es que, igual que el crecimiento de Guastavino, la presencia de Blodgett lo cambia todo. Hay un pequeño anuncio de la *American Architect and Building News* del 7 de marzo de 1891 en el que se consigna que la Guastavino Fireproof Construction Company, con sede en la calle 57 de Nueva York, tiene ya en ese momento sedes en Chicago, Milwaukee, Boston y Providence, y a continuación documenta, solo en la ciudad de Nueva York, veintitrés edificios en los que la compañía está participando como constructora, edificios que habrían precisado dos vidas de arquitecto y que sin embargo la compañía termina en solo tres años.

«La arquitectura debe ser heroica si no quiere ser vulgar», dijo una vez Gógol. Bien lo podría haber dicho, y con más motivo, William Blodgett. Se carga a la espalda la tarea de abrir una fábrica de ladrillos y azulejos que permita a la compañía generar su propio material y acabar con la dependencia de terceros, lo que hasta entonces había supuesto el lastre más claro para su crecimiento. Lo hace en Woburn, su ciudad natal, y solo cuatro años después ya produce más de doscientos mil ladrillos anuales, una cifra monstruosa para la época pero aun así insuficiente para la cantidad de obras que tienen en activo. Los compromisos requieren que tanto Guastavino como Guastavino viajen sin tregua de acá para allá, uno quejándose de los trenes, otro sintiéndolos livianos, uno más viejo de lo que se esperaba, el otro demasiado joven, ubicuo Guastavino y ubicuo Guastavino, de Woburn a Nueva York y a Boston. Sabemos también que la fábrica sufre dos incendios para mofa del público local, y que deben reconstruirla las dos veces desde sus cimientos, pero ahí está Blodgett para hacerlo. También para ponerle brida a Guastavino, que parece un caballo desbocado tras el éxito de la biblioteca de Boston y de que el gobierno español le encargue el pabellón nacional en la World's Columbian Exposition de Chicago, «la mayor reunión mundial de artistas desde el siglo XV», como dice pomposamente un anuncio. Cada vez que regresa de Woburn a Nueva York, Blodgett se encuentra con que Guastavino se ha vuelto a comprometer en otra cubierta de iglesia neogótica u otra cúpula de un banco sin calcular bien los gastos, yéndose casi lo comido por lo servido.

Es prácticamente un alivio que los confundan al padre y al hijo, Blodgett puede así desdoblar a los dos Guastavino, el que se queda ayudándole hasta las tantas en la oficina de Nueva York y el que está cada vez más calvo; el que parece un Guastavino lavado, con sus ojos azules y su piel clara, puritano y yanqui, adicto al trabajo como un lobo, fácil de herir y a la vez decidido, y el otro Guastavino, el ancho y robusto, aparentemente arrollador pero en realidad cansado y que pasa cada vez más tardes en casa de los Vanderbilt, los Morgan y los Rockefeller, como pasaba tardes con los Muntadas, los Oliver y los Blajot.

Años después a Blodgett le parece casi milagroso que en esa época enloquecida en la que de nuevo esquivan la quiebra una y otra vez a pesar de tener decenas de encargos, la esquivan, decimos, hasta precipitarse definitivamente en ella, en todos esos años en que construyen, entre otras cosas, el Madison Square Garden, el Biltmore Estate, el Hotel Plaza, la Central Congregational Church, la Universidad de Virginia, el asombro de haber construido todas esas cosas le da a Blodgett no tanto el orgullo de haber sobrevivido como la sospecha de haber sido feliz.

Pero quiénes somos nosotros para juzgar, si estamos más preocupados de que nos encajen todas las piezas de la vida de Guastavino que de otra cosa. Quiénes somos para decir nada si a ratos hasta nos asusta que Guastavino nos caiga mal, o peor, que nos resulte indiferente, ese mismo Guastavino que hemos dicho al principio que era el germen de la arquitectura modernista en Norteamérica y que de pronto parece hasta cobardón cuando le dice a su hijo que, en uno de sus viajes para supervisar la construcción del Biltmore Estate, la gran mansión de los Vanderbilt, ha hecho una parada en la pequeña ciudad de Asheville, Carolina del Norte, y que alguien le ha dicho que a pocas millas de allí, en Black Mountain, hay una finca a buen precio o, más que una finca, la ladera de una montaña perdida en mitad de un bosque impenetrable. Una ladera por la que, parece, corre un arroyo y en la que hay un pequeño claro junto a un valle en el que podría construirse una casita.

«Estamos rodeados de montañas. Miremos a donde miremos no hay nada más que ver, solo montañas con árboles y arroyos y ríos», escribe Francisca a Guastavino describiéndole la finca que ha comprado su padre. «No hay calles, ni electricidad, ni gas. No hay organilleros, ni alemanes, ni irlandeses, ni orientales, solo un puñado de alegres negros que ríen de una forma tan maravillosa que parece que te van a comer entera.» Resulta difícil saber si esa descripción es alegre o triste. ¿Echa de menos Francisca a esos organilleros a los que —ahora sabemos— escuchaban en las calles del Upper Manhattan, siente nostalgia de esos alemanes y esos irlandeses, o estos negros que ríen alegremente lo compensan todo?

Pero no da tiempo a responder a esa pregunta. En febrero de 1894: la debacle. Uno de los constructores que realiza obras de la compañía se declara en bancarrota y la Guastavino Fireproof Construction Company, que vive con el agua al cuello a pesar de las recomendaciones de Blodgett, se hunde con él. El banco que les había dado un préstamo les embarga las cuentas por temor al impago, y el resto de las obras que están en activo arrojan unos beneficios tan mínimos que a la compañía no le queda más remedio que declararse en quiebra. Es el comienzo del fin de Guastavino, el comienzo del comienzo de Guastavino. El primero decide quitarse de en medio y trasladarse con Francisca a Black Mountain para evitar preguntas molestas y a acreedores insistentes, el segundo da un paso al frente. Se encarga, con ayuda de Blodgett, de mantener abiertas las oficinas de Boston y Nueva York y también de terminar los encargos que están en obras. Dice el nieto que cuando despide a su padre y a Francisca, a pesar de su juventud Guastavino ya tiene el pelo canoso. No sabemos qué esperaba.

VI

Todos los libros sobre Guastavino son un solo libro, también este. Por eso es necesario enumerar cosas. La primera, que hay un consenso general en que la
quiebra de la compañía resulta beneficiosa porque saca
a Guastavino de la ecuación y mete a Guastavino en
ella; en 1897 se funda una renovada Guastavino Fireproof Construction Company con Guastavino como
socio mayoritario, Blodgett como socio y tesorero y
Guastavino como vicepresidente.

La segunda, que el traslado a Black Mountain genera también un saneamiento en los asuntos persona-
les de Guastavino. Al verse en soledad en medio del
bosque construyendo la casa en la que morirá con la
misma madera de la que ha renegado toda su vida,
Guastavino siente la necesidad de casarse con Francisca Ramírez y también cierto regreso a la fe, porque
comienza a ir a misa a la iglesia de Asheville y escribe
al párroco ofreciéndole parte de su propiedad para un
convento que nunca se construye, y también, parece,

a su amor por la música, porque compone valses para violín de calidad aceptable y hasta una misa incompleta que acaba sonando en su propio funeral. Es decir, que Guastavino hace lo que hacen las personas cuando se sienten más cerca del arpa que de la guitarra: tratar de comprar a Dios con calderilla, rescatar deseos enterrados, dormir poco por las noches.

La tercera, que ese deseo de arreglar sus asuntos enfrenta a Guastavino a sus fantasmas. Los requisitos de la boda católica obligan a localizar a quienes por motivos legítimos —esposas incluidas— puedan poner objeciones pertinentes a la nueva unión. Y no sabemos si vive o no la prima María Pilar, lo que sabemos es que calla para siempre, no así los hijos, que se revelan desde Argentina como los duendes del cuento: uno viticultor, otro constructor, el otro arquitecto, es decir, los tres oficios principales de un padre al que casi no conocen y que desde luego hablan, vaya que si hablan, no solo para alegrarse de retomar el contacto y preguntarle por su hermano, sino también, ya de paso, para pedir a Guastavino si no les podría mandar un ascensor para un edificio que están construyendo en Buenos Aires. Cuanto antes, si es posible.

Y la cuarta, que en esa época se produce un episodio sin aparente importancia. El momento en que Guastavino gana el concurso de la *Architectural League* cuyo tema es «una iglesia de estilo colonial», un concurso al que el joven no había dicho a nadie que se presentaba, ni siquiera a su padre. La noticia llega —igual que la *honorable mention* en la exposición de Filadelfia— en un sobre lacrado, pero aquí el premio es muy real, y la carta del comité alaba como detalle de exquisito gusto esa torre *Spanish Renaissance style* tan parecida a una Giralda jibarizada, una Giralda que, por supuesto, no ha visto en su vida. Guastavino apenas puede contenerse para llamar a su padre, que en ese momento viaja, sabemos, en el tren nocturno desde Carolina del Norte a la oficina de la compañía en Nueva York. Lo hace con la urgencia con que los hijos cuentan sus triunfos para que les quieran más o para que les quieran, punto, y cuando por fin responde al teléfono, Guastavino se alarma. Le pregunta si ha ocurrido algo. No, no ha ocurrido nada, bueno, sí, por supuesto que ha ocurrido algo, he ganado el concurso de la *Architectural League* con un diseño de una iglesia colonial. Has ganado un concurso, vaya..., eso está muy bien, ¿alguna cosa más? No, ninguna cosa más. Colguemos entonces, que esta conversación es muy cara. Y cuelgan.

Podrá parecer una insensatez, pero estamos convencidos de que en esa escena tan sencilla, reproducida casi literalmente por el nieto y el hijo de Guastavino, esa escena recogida en las memorias en dos largas páginas con las réplicas y contrarréplicas de los interesados, contiene toda la relación de Guastavino y Guastavino, todo lo que se quisieron o dejaron de querer, todo lo que se comprendieron, todo lo que se necesitaron. Que esa escena que pasó completamente inadvertida para Guastavino y que fue revisitada decenas de veces mentalmente por Guastavino, a veces de modo exculpatorio, otras acusador, tratando de reconstruir los detalles que no se veían del otro, porque al hablar por teléfono podía estar ocurriendo literalmente cualquier cosa y tal vez Guastavino estaba siendo injusto con Guastavino al acusarlo de insensible, o –peor– de tacaño cuando le había visto ser más que pródigo en sus noches de juerga con Stanford White el arquitecto, o en sus comidas con Morgan el banquero, esa escena lo concentra todo. Y no solo hacia atrás, en retrospectiva, sino hacia el futuro también. Porque tenemos la sospecha, tal vez disparatada, pero desde luego no sin fundamento, de que a partir de esa conversación Guastavino decide ser Guastavino, es decir, decide hacer todo lo que Guastavino no ha sabido o no ha podido hacer, que Guastavino decide, por decirlo así, aplastar literalmente a Guastavino con su éxito, y no nos referimos solo a ese éxito insignificante de la *Architectural League,* ese éxito ya lo menosprecia también el propio Guastavino, sino a los éxitos que vendrán y lo ocuparán todo, y que por mucho que no posea el carácter extrovertido y fácil que ha llevado a Guastavino a relacionarse con los Güell, los Vanderbilt y los Rockefeller, él tiene al menos otras virtudes, la de no enredarse, por ejemplo, en faldas, la de estar dispuesto a matarse trabajando. Y también podemos decir, tentativamente, por supuesto, pero de nuevo no sin fundamento, que a pesar de toda esa determinación, a pesar de que Guastavino cumpliera finalmente con su amenaza de aplastar con su éxito a Guastavino, a pesar de que fuera él, no Guastavino, quien participó en la construcción de la catedral de St. John the Divine o de Central Station, o del Smithsonian, o del puente de Queensboro, el dolor de esa conversación telefónica permaneció lo bastante como para que Guastavino se la relatara a su hijo réplica por réplica, inocente como aparentaba ser, un poco torpe, con todos sus silencios, sus toses (He ganado un concurso. Vaya..., eso está muy bien, ¿alguna cosa más? No, ninguna cosa más. Colguemos entonces, que esta conversación es muy cara. Y el sonido del timbre al colgar) y la revisitara una y otra vez no sabemos cómo, quizá como un acuerdo entre los dos, como el pacto con el que los hijos tratan de subsanar las carencias de sus padres no cayendo en ellas, pero sí en otras que serán recordadas a su vez milimétricamente mucho más tarde, como un tambor ensordecido con una tela, y luego con una manta, pero cuyo sonido sigue siendo profundo y llenando el corazón de congoja.

Regresa también la muerte. La hermana muerte, con su hora de cenar y de comer. Una de ellas lleva a Guastavino a encerrarse definitivamente en Black Mountain, la otra le hace viajar a la Universidad de Virginia, donde la compañía construye unas bóvedas. En una muere de un disparo el arquitecto Stanford White, del estudio McKim, Mead & White, responsable de casi la mitad de las construcciones de la compañía, a manos del marido de su amante en pleno Madison Square Garden. En la otra, dos carpinteros por accidente bajo una de las bóvedas de la Universidad de Virginia. Las dos son humillantes y bochornosas. Una sale en la prensa, la otra se evita que salga en la prensa. Una deprime a Guastavino, que se ve morir en reflejo en la muerte brutal de su amigo, la otra convierte al joven Guastavino en un hombre de negocios capaz de gestionar situaciones complejas. Una le convierte en religioso, la otra en mundano. De ninguna de las dos se habla.

Y comienza también la época dorada. Se empiezan a levantar los edificios que nos llenarán de asombro y en los que la compañía participa como constructora en las cubiertas, las bóvedas y también parte de la decoración. Poco a poco Guastavino ha empezado a tomar decisiones en la fábrica de Woburn y entre otras cosas diseña azulejos vidriados de distintos colores que, unidos a los patrones de Guastavino, dan a la compañía un discreto encanto *art déco*. Si quieren azulejos, enterrémoslos en azulejos, pensamos que piensa Guastavino. En París cada vez que la gente ve la Torre Eiffel todavía se pregunta qué demonios es eso, pero los neoyorquinos ya cruzan el puente de Brooklyn y visitan el Flatiron, un edificio fino como una hoja de papel que ha desatado en todo el mundo la *newyorkmanía*.

«Cuando Broadway se inunda de viandantes y ociosos, cuando la masa se vuelve más densa / cuando decenas de miles de miradas se cruzan a la vez / también yo me levanto, bajo a las aceras, me mezclo entre la multitud.» Estamos tan seguros de que ese espíritu de Whitman invade a Guastavino como de que no deja de respirar. Saludemos con alegría a la ciudad vertical. Bienvenida, ciudad de los humanos, Nueva

York recién nacida. Hace solo treinta años, como si fuera un titiritero, un tal Elisha G. Otis hizo una exhibición en Bryant Park, entre la Quinta Avenida y la calle 42, para mostrar un invento llamado pomposamente ascensor y no le creímos, nos pareció entonces demasiado farsante cuando se elevó sobre aquella plataforma y luego ordenó que cortaran el cable con un hacha. Esperábamos verle caer a plomo desde aquella ridícula plataforma, pero en vez de eso vimos cómo se articulaba un freno invisible y Elisha G. Otis no caía en el vacío, sino que nos saludaba y con ayuda de un altavoz de cartón decía: «Amigos, el ascensor.» Un espectáculo negativo; hacernos creer que iba a suceder algo que luego no sucede. Ese día nos marchamos indignados, como si nos hubiese robado la cartera, hoy sabemos que tenía razón, aquel invento era la llave a la ciudad vertical.

Y es que, bien pensado, es aquí adonde siempre habíamos querido llegar. A estas paredes blancas, lisas como acantilados. Si la mirada fuera capaz de atravesar esos muros veríamos un espectáculo maravilloso, decenas de miles de hombres y mujeres flotando en el espacio. Una compartimentación infinita y vertical. Esto es lo que somos capaces de hacer. Esto es lo que somos. Hemos nacido de cosas contrapuestas: la naturaleza y nuestra fantasía. No lo sabemos aún.

Tampoco sabemos cuándo lo comprende Guastavino. Lo que está a punto de hacer, lo que *ya* ha hecho. Puede que ni siquiera lo comprendiera. A veces pensamos que las personas comprenden algo solo porque nos resulta absurdo que no lo hayan comprendido. Lo verosímil siempre es más convincente que lo real. Cuando Cerdá recorta las esquinas de los edificios de Barcelona y crea los chaflanes, no piensa ni en cafés ni en espacios públicos, sino en que los coches vayan más rápido y tengan más visibilidad. También Guastavino crea un espacio público excavándolo dentro de un espacio privado pretendiendo hacer otra cosa.

Al principio es casi una excusa para justificar su presencia. Bajo los cimientos del Municipal Building, en la primera estación de metro de la ciudad, bajo el City Hall, en las arcadas del puente de Queensboro, cuya construcción empieza justo ahora, Guastavino diseña espacios abovedados cubiertos con los sempiternos y reconocibles patrones de la compañía. La bóveda es a la arquitectura lo que el abracadabra a los cuentos: allí donde aparece se suspende la lógica. En los soportales del gigantesco Municipal Building, Guastavino diseña una pequeña logia italiana, en la primera estación de metro, un salón de azulejos coloreados *art déco,* y bajo el puente de Queensboro un gran mercado para el que la publicidad de la compañía prepara unos panfletos con un elegante caballero que pasea con una dama bajo sus arcadas, como si no hubiera en el mundo nada más romántico que hacerse confidencias bajo un puente. Donde no había espacio, Guastavino crea un lugar.

Intercambiables como son, no tiene sentido discutir la forma de todos esos edificios. La forma no es más que un vestido de fantasía, todos están cubiertos por las mismas bóvedas, el patrón es el mismo. Guastavino comprende, o tal vez no, que lo único que hace falta para convertir una iglesia en una pista de baile es correr los bancos a un lado: la decoración no es más que el glaseado de una tarta cuyo contenido es el hueco. Y cuando uno grita en un hueco, lo único que se escucha es el sonido de la propia voz.

Realmente sucede a la vez, no exageramos. Guastavino duerme en el Upper Manhattan sintiendo cómo fluye desde todos los puntos del país un río de oro dispuesto a hacer de Nueva York la gran Babel, Thomas Jefferson se detiene en Virginia frente a un puente excavado en la roca durante siglos por el paso de un río y piensa la arquitectura americana será natural o no será, Louis Sullivan escribe en sus diarios «daré rienda suelta al sueño infantil», Frank Lloyd Wright habla del idealismo, del orgullo, pero también de la susceptibilidad y el peligro. Hacer o destruir. La Exposición Universal de Chicago construye para todos una ciudad a la que llama ciudad blanca. Yeso y caña. Pero ni siquiera hace falta que venga nadie a destruir esa ciudad, se la lleva el agua de lluvia. Luego aparece la ciudad blanca de Coney Island, con sus parques de atracciones repletos de *freaks* y sus montañas rusas: madera y pintura. Tampoco hará falta que la destruya nadie, arderá sola hasta sus cimientos cuando se descubra que su alegría era solo un hueco en el estómago. Todos quieren crear la arquitectura nacional, pero es difícil tener nostalgia de un amor cuando aún no se ha llegado al baile. Sin historia no hay nostalgia de la historia. Sin nostalgia de la historia, no hay arquitectura nacional.

Mientras tanto, encerrado en Asheville, Guastavino diseña una última patente: una bóveda futurista de proporciones colosales, un receptáculo en cuyo interior habrá bibliotecas, museos, oficinas, espacios de almacenamiento..., un tren circular y ascendente recorrerá todo ese espacio dantesco. Futurismo y bóveda tabicada cuando hace apenas cuatro años que el hombre ha aprendido a volar sin matarse. Futurismo y bóveda tabicada cuando se escribe sobre una mesa de madera, en una casa de madera, en una colina en mitad de un bosque de Carolina del Norte en el que durante los últimos cuatro mil años han cantado los mismos pájaros y crecido las mismas plantas.

Ahora habría que imaginarse la casa. No es demasiado esfuerzo. Está en mitad de ese bosque, con una torre alta. Sobre ella un reloj rústico, en el frontal. En realidad es bastante sencilla. Con un porche en la entrada, una pequeña capilla también de madera y un horno de ladrillo. Bajo los cimientos, una bodega repleta de botellas de vino casero. Y dentro de la casa, un arquitecto de sesenta y seis años y una esposa de cincuenta y uno.

Para darle una nota de color pongamos sobre el escritorio los planos de la iglesia de St. Lawrence, la construcción inspirada en la Basílica de los Desamparados que ha diseñado para la ciudad de Asheville, con una gran cúpula elíptica de dieciocho por veinticinco metros. Ya ha empezado a construirla, está sufragando todas las cubiertas de su propio bolsillo. Durante el último año esa construcción le ha obsesionado más allá de lo razonable. Esa iglesia ha entrado en él como una enfermedad, con la fiereza de los pensamientos obsesivos, y ha empezado a crecer, no sabemos cómo, tal vez por esa vanidad elemental que impide soportar, a quien ha sido amigo de los reyes de Nueva York, no ser adorado por los mendigos de Asheville, o quizá por ese tamtam que nos hace entender que el final está cerca y mezcla el pequeño consuelo de los logros y la sed espantosa de las carencias, o nos pone dramáticos y poco razonables y nos hace desear el amor puro o la nada, la salvación o la nada, la posteridad o la nada, y a medida que se acerca también articula a veces eso que llamamos Dios, y que quienes lo defienden describen como una caída terrible a la que sigue un encuentro amoroso, una extensión que asalta a los seres humanos cuando vislumbran su final, tanto más cuanto más intensamente han vivido, como es el caso de Guastavino.

De modo que todo comienza con una pequeña congestión pulmonar a finales de enero de 1908. Nada más lógico y natural. Y también con una reprimenda de su esposa Francisca, que sigue llamando a su marido «pelón», ya te has vuelto a resfriar, Pelón, no tienes edad, Pelón, las obras de esa maldita iglesia van a matarte, Pelón, porque aunque los dos sean de carácter fuerte, esa diferencia de quince años ha llevado inevitablemente a la pareja a la química intraducible de los matrimonios desiguales en que los miembros más jóvenes se convierten en cuidadores pero también en verdugos de los más viejos, en amigos pero también en humilladores domésticos.

De acuerdo con la última fotografía, la de su obituario, Guastavino está casi completamente calvo y se ha dejado crecer de nuevo el bigotón prusiano, pero ahora es más cercano al pompón navideño que a la mata adusta de cuando se subió a un barco rumbo a Nueva York. «Tengo que decirte», escribe Francisca a Guastavino desde Black Mountain, «que Pelón está peor que nunca con lo del trabajo. Anteayer se levantó a las tres y cuando vio lo temprano que era regresó a la cama. Todos los días se levanta un poco antes, ¡esta mañana a la una menos veinte! Así que a las cinco vuelve a meterse en la cama, agotado. Así es como se ha manejado desde que empezamos a vivir aquí.»

Por eso apenas hace falta un mínimo esfuerzo para empujar con un dedito esa infección pulmonar, complicarla con una afección de riñón, y listo.

GUASTAVINO

I

No sabemos nada y la historia es mentira y el amor
no existe, pero a veces basta el miedo, el miedo como
el hilo dorado de una fábula, para recuperar todas las
realidades perdidas; la verdad, la ciencia, el amor. Por
cada gesto bajo sospecha, el miedo engendra una constelación de ciudades posibles. Dadle miedo a alguien
capaz de construirlas y tendréis el mundo.

Sabemos cómo es el rostro de Guastavino. Aparece
en la portada del *New York Herald* del 19 de septiem-
bre de 1909: una mirada adusta y mofletuda, el bigote
fino, el pelo prematuramente canoso y la raya al medio. Un joven con prisa de ser viejo. Sabemos que ha
llegado a Nueva York con nueve años y ha tenido una
formación más propia de artesano medieval que de arquitecto, que ha sido aprendiz de su padre desde los
quince, que a los veinte ya tiene cuatro patentes relacionadas con la construcción tabicada y a los veintidós
supervisa su primera bóveda en la Grace Universalist
Church de Lowell, una estructura fina como un papel,

de veinte metros de diámetro y quince centímetros de grosor. Y sabemos también lo orgulloso que está de haber construido esa bóveda. En una de las esquinas de los planos, más concretamente la esquina inferior derecha, tal y como puede verse todavía en la Avery Library si se pide cita con varias semanas de antelación y se accede a ponerse unos guantes, Guastavino escribe su nombre y la fecha como en una redacción escolar: *Rafael Guastavino Jr. 1895*. Es una letra prolija, esmerada. La letra de alguien que rezuma satisfacción. *Rafael Guastavino Jr. 1895*. Cuando el bibliotecario se da la vuelta, aún es posible quitarse el guante y acariciar esas palabras con la punta del dedo.

Sabemos también que tras la muerte de su padre, el 1 de febrero de 1908, Rafael Guastavino se hace cargo del negocio familiar junto al tesorero William Blodgett, y que a lo largo de todo ese año reparte su atención entre la culminación de la iglesia de Asheville y las casi veinte obras que la compañía tiene en activo en distintas ciudades. No sabemos qué siente Guastavino cuando viaja desde Nueva York hasta Asheville para supervisar esas obras, cuando diseña la capilla lateral en la que se deposita el cuerpo de su padre, no sabemos cómo es el dolor de Guastavino, es decir, no sabemos nada, pero con una historia parecida Ingmar Bergman rodó en 1975 un largometraje titulado *Höstsonaten* en el que una hija invita a su madre, tras siete años de ausencia, a pasar una Navidad en su casa. Cuando se quedan solas en mitad de la noche, la hija (Liv Ullmann en la película) no puede evitar el rencor acumulado y le dice a su madre: «Todo es posible y se hará en nombre del amor. La hija heredará las heridas de la madre. ¿Es la infelicidad de la hija el triunfo de la madre? Mamá, ¿es mi dolor tu placer secreto?» Y no sabemos por qué, pero cuando vimos esa película y llegamos a ese clímax insostenible, no pudimos evitar pensar: Guastavino, Guastavino.

Eso sí, a la muchacha sueca habría que añadirle aquí una moral católica reconvertida en protestante y una sensación de orfandad tan fuerte como para subir y bajar decenas de veces del tren y acudir otras tantas a la oficina de la Guastavino Fireproof Construction Company. Tendría que aceptar también que hay muchas personas que ni siquiera se han enterado de la muerte del padre a pesar de la portada del *Herald* y otros homenajes a título póstumo, personas que llaman a la oficina preguntando por Mr. Wastabiiino y se asombran de que responda un joven en perfecto inglés *I am his son* –probablemente una de las frases que más repitió de niño en las obras, o cuando iba a la casa de los Rockefeller, los Vanderbilt, los Morgan, *I am his son*–, hasta que un día alguien pregunta por Mr. Wastabiiino y Guastavino se acomoda en la silla, carraspea antes de coger el aparato y responde.

Puede que no fuera exactamente así, lo sabemos, pero tuvo que ser exactamente así. *I am Mr. Wastabiiino.* Y aunque no podríamos precisar si eso lo hace más fácil o difícil (los caminos de la negación son inescrutables), lo que sí sabemos es que, contra lo que afirma el lugar común, la vida exige más emociones que reflexiones y también que Guastavino es incapaz de proveer a la vida con las emociones que la vida le exi-

77

ge. Y todo eso no porque lo atestigüe documento alguno, sino porque el buen hombre tiene una de las reacciones más comunes cuando se está atragantado de dolor y se vive en los Estados Unidos de América: matarse a trabajar.

Lo inevitable es siempre una obviedad. «La muerte (o su alusión) hace preciosos y patéticos a los hombres», Borges *dixit*. Tan incontables y tentativas son las personas en las que podría haberse convertido como los motivos que llevan a Guastavino a ser Guastavino. Y aunque lo que Guastavino fue en su totalidad pertenece al terreno de las verdades selladas, como la energía oscura o la multidireccionalidad del tiempo, tenemos acceso a dos hitos de construcción personal. Los dos son formulaciones diagonales de la muerte. En uno Guastavino se *siente* morir, en otro se *ve* morir. El primero sucede en Denver, durante la construcción del Telephone Building, tras un día extenuante en una semana extenuante con jornadas de nueve horas de construcción seguidas de largas sesiones de cálculo, Guastavino abre los ojos y no se puede levantar de la cama. Tampoco puede comer. Al principio piensa que se trata de una indigestión, pero una arritmia le deja sin aliento y durante unos segundos siente como si algo le hubiese suspendido y a continuación le hubiese dejado caer. Tras un día en reposo se esfuerza en volver a trabajar: sucede lo mismo. El médico diagnostica *nervous prostration* y recomienda un cambio de hábitos alimenticios, de estilo de vida y también algo inédito en la realidad cotidiana de Guastavino: diversión. No sabemos más, solo que al regresar a Nueva York abandona su hogar y se aloja en una casa de huéspedes de Green Street, Brooklyn.

El segundo sucede durante la construcción de una de las capillas laterales de St. John the Divine, la monumental iglesia de Harlem en la que la compañía lleva trabajando desde hace años y cuyas obras se han paralizado decenas de veces. Ahora se han reanudado por fin, como si la muerte del padre las hubiese destrabado. Uno de los obreros coloca demasiados ladrillos sobre una de las bóvedas laterales y Guastavino contempla cómo colapsa y se desploma desde setenta metros de altura. Ninguno de los obreros resulta herido. No es esa la cuestión. Guastavino tiene piel de elefante para esas cosas; ha visto ya docenas de brazos amputados, cráneos abiertos como sandías, incontables piernas rotas y manos aplastadas, él mismo estuvo a punto de morir al caer por el hueco de un ascensor, no se trata de eso, sino de algo más extraño y esquivo. Quizá es solo el sonido, el estrépito de cuarenta toneladas cayendo a plomo desde setenta metros de altura. Ahora que ha desaparecido el padre de la tierra, ese sonido es como una superconcentración ominosa. Antes habría sido tolerable, ahora no. Y se queda dentro de él para siempre.

Pero demos rienda suelta a nuestra admiración, abramos también la boca ante esos dos prodigios de la arquitectura: la cúpula del Smithsonian de Washington y la gran cúpula de St. John the Divine, en Nueva York. ¿Qué siente Guastavino cuando acepta esos proyectos? Primero –creemos– la extraña convicción de que esas cúpulas acabarán con él, segundo –creemos– la no menos insensata convicción de que, si consigue alzarlas sobre Washington y Nueva York, será invulnerable. No tenemos ninguna certeza, pero decimos que acepta esos encargos igual que el adolescente reta a Dios en la tormenta. Vemos su bigotito fino, vemos el desamparo de su orfandad y sus fantasías de morir y, a continuación, esas bóvedas monumentales: Psicología 1.

Aunque tal vez podríamos desconfiar un poco de nuestra perspicacia y pensar que lo que le ocurre a Guastavino es lo que decía Bernhard que les pasa a los enfermos crónicos cuando sanan; que al llegar a la salud se obsesionan con la vida como si se tratara de algo terrible y no pueden descansar ya, y viven y existen el resto de sus días en un estado de excitación permanente. Y añade Bernhard que a veces esa excitación se concentra en hacer, hacer, hacer, y otras en una introspección destructiva. En ese caso habría que responder a la no menos peliaguda pregunta de cuál es la enfermedad de la que sana Guastavino, cuál es ese lugar que le ha marcado para siempre. Y con un poco de audacia alguien podría decir: el padre. Y con otro poco de audacia: pero no ha sanado aún.

II

Todos creemos conocer el amor, también Guastavino, pero los impulsos son más sabios que nosotros. Allí donde otros dijeron: no seré cruel como mi padre, Guastavino dice: no amaré como mi padre. El odio a la promiscuidad paterna ha hecho casto y pudoroso a Guastavino, y también –es probable– distante. Bendita humillación de la carne que nos vuelve gentiles con las faltas ajenas y también con las propias. Guastavino no la ha sentido aún. Tiene la arrogancia de los vírgenes. Aunque no por mucho tiempo.

No sabemos cómo es el comienzo de su vida en la casa de huéspedes de Green Street, el hogar de William y Genevieve Seidel. Tampoco cómo encuentra la pensión. Nadie cambia, pudiendo no hacerlo, una casa cómoda por otra que no lo es, de modo que nos la imaginamos agradable y también con un muchacho y una muchacha adolescentes: Elsie y Henry, los hijos de los caseros.

Ahora que la sombra del padre ya no cubre la tie-

81

rra, a Guastavino le cuesta menos ser extrovertido. Podría haberse permitido un hotel en Manhattan, pero prefiere este reino discreto y confortable de los Seidel. Va más con su carácter. Tal vez por eso, cuando William o Genevieve le preguntan durante las cenas por sus proyectos, hace lo que no habría hecho en ninguna otra parte: ponerse un poco fanfarrón. Relata cómo diseñó hace solo un año la cúpula doble del Smithsonian de Washington, dos finas cáscaras de huevo de más de veinte metros de diámetro unidas en su interior por unos contrafuertes flotantes que canalizan el empuje hacia los muros y desde ahí a los cimientos del edificio. Los anfitriones siguen con la mirada el empuje de la bóveda como a una bruja en un cuento infantil, desde los cielos hasta la mazmorra. Para Genevieve los planos de Guastavino tienen el aire de un encantamiento; para William, Guastavino es todo lo que habría querido ser: un empresario exitoso. Por eso pregunta cómo es la estructura de la compañía, cómo se hacen esos complejos cálculos de tensiones. Divinas palabras incomprensibles, prestigiadas por su misma incomprensibilidad.

La telenovela comienza ahí: en ese momento que el hijo de Guastavino describe como un *platónico ménage à trois* y que en realidad es una chusca infidelidad con un marido semialcoholizado por sus fracasos de *entrepreneur* y un Guastavino en la cumbre de su angustia y su éxito. La vida es un lindo mejunje. A él se lo relata Elsie Seidel, que en ese momento es solo la hija adolescente de la familia y acabará convirtiéndose en la mujer de Guastavino. Toda una miniserie en trece capítulos:

1) Llegada de Guastavino (EL CÉLEBRE CONS-TRUCTOR) a la casa-hospedaje de los Seidel.

2) Amistad entre EL CÉLEBRE CONSTRUCTOR y la pareja.

3) Affaire entre EL CÉLEBRE CONSTRUCTOR y la señora de la casa, Genevieve Seidel (LA DESENCAN-TADA ESPOSA), descubierto, sabemos, por su hija, El-sie Seidel (LA ADOLESCENTE A QUIEN NADIE PRESTA ATENCIÓN).

4) Crisis de la pareja, deriva etílica de William Seidel (EL MARIDO ALCOHÓLICO) y posterior aban-dono del hogar.

5) Abandono del hogar, por motivos de salud misteriosamente no especificados, de LA DESENCAN-TADA ESPOSA, a casa de su madre, en Atlantic City.

6) Demanda civil de EL MARIDO ALCOHÓLICO a EL CÉLEBRE CONSTRUCTOR, por *alienation of affections,* fórmula legal en la que uno de los cónyuges responsabi-liza a una tercera persona de su ruptura matrimonial. EL MARIDO ALCOHÓLICO pide como indemnización la desmesurada cantidad de 50.000 dólares.

7) LA ADOLESCENTE A QUIEN NADIE PRESTA ATENCIÓN, horrorizada por el curso que han tomado los acontecimientos, acude, tras finalizar sus estudios, a Atlantic City a visitar a su madre.

8) Interior-noche. LA ADOLESCENTE A QUIEN NADIE PRESTA ATENCIÓN besa una fotografía de EL CÉLEBRE CONSTRUCTOR. Descubrimos que ha estado secretamente enamorada de él todo este tiempo. La mi-ramos mejor. Tiene veintiún años, ya es toda una mu-jer (de ahora en adelante LA HERMOSA JOVEN).

9) Crítica conversación entre LA DESENCANTA-DA ESPOSA y su hija, LA HERMOSA JOVEN. La joven confiesa a su madre un plan sorpresivo: su intención de casarse con EL CÉLEBRE CONSTRUCTOR para solucionar los problemas de la familia, acabar con la demanda interpuesta por su padre, EL MARIDO ALCOHÓLICO, asegurar una estabilidad económica y proporcionarle también un oficio a su hermano. LA DESENCANTADA ESPOSA se opone por motivos obvios, inconsciente de que su hija conoce su affaire con EL CÉLEBRE CONS-TRUCTOR.

10) Tras su regreso a Nueva York y de nuevo con una audacia extraordinaria, LA HERMOSA JOVEN revela su plan a EL CÉLEBRE CONSTRUCTOR. Lo hace durante un viaje en tranvía y evita deliberadamente hablar de amor. EL CÉLEBRE CONSTRUCTOR se sorprende ante la propuesta matrimonial y contesta a LA HERMOSA JOVEN que también él quiere terminar con el enojoso asunto de la demanda, pero que, francamente, nunca había pensado en ella más que como en una especie de sobrina. Lo dice con ternura pero también mirando por primera vez carnalmente a LA HERMOSA JOVEN.

11) EL CÉLEBRE CONSTRUCTOR regresa a Boston por cuestiones laborales y empieza una relación epistolar con LA HERMOSA JOVEN. Las cartas se centran en cuestiones domésticas pero ya no son las de un tío y su sobrina.

12) Tras el verano, EL CÉLEBRE CONSTRUCTOR invita a cenar a LA HERMOSA JOVEN. Los roles han cambiado, ahora es él quien parece inseguro y cohibi-

do. Hay miradas sostenidas con el consecuente cosquilleo genital. Tras la cena, EL CÉLEBRE CONSTRUCTOR confiesa haber pensado en el ofrecimiento que le hizo antes del verano. Como buen tímido, lo hace torpe y agresivamente, y luego afirma que él sería incapaz de aceptar algo así por una mera cuestión económica o para acabar con el asunto de la demanda. LA HERMOSA JOVEN responde que ese no es el único motivo y a continuación se sonroja. LA HERMOSA JOVEN y EL CÉLEBRE CONSTRUCTOR se besan. LA HERMOSA JOVEN y EL CÉLEBRE CONSTRUCTOR se prometen en matrimonio.

12) Al conocer la noticia del compromiso matrimonial, EL MARIDO ALCOHÓLICO retira la demanda por *alienation of affections*.

13) Comen perdices.

Y no sabemos si el hijo de Guastavino cree realmente esa fábula familiar inventada por sus padres, lo único que sabemos es que así es como la describe. Tal vez no haya que reprocharles sus mentiras a los muertos, ni su deseo de creer a los vivos. Al fin y al cabo, las mentiras son más reveladoras que la verdad y también, seguramente, más ciertas. Los hechos, en realidad, no varían: Elsie Seidel y Rafael Guastavino se casan en Nueva York a finales del verano de 1909. Todo indica que son un matrimonio feliz.

¿De qué habla Guastavino a su joven esposa? Debe de resultarle tan extraño tener una familia que no descartamos momentos de euforia. La pareja compra la casa familiar de Brooklyn y la convierte en su propio hogar. Un triunfo simbólico para la joven Elsie. Nos imaginamos a Guastavino regresando en tren desde las obras de St. John the Divine con una alegría como la de su padre en Barcelona cuando trabajaba para los Güell, los Muntadas, los Oliver, los Blajot. Está alegre no solo por su matrimonio o porque sea dueño de una de las constructoras más importantes de la ciudad, sino porque la suma de esas cosas hace creer que todo es posible, que ha engañado al mundo, aunque engañar no es la palabra adecuada y lo sabemos. Lo que queremos decir es que Guastavino comprende que vivir es la cuestión fundamental, que la propiedad es religión, que es necesario hacer, hacer, hacer, que la carrera no la ganan los audaces sino los que aún poseen recursos cuando los demás los han perdido, cosas tan elementales como el agua y que, pese a todo, la gente comprende tarde y algunas personas nunca. Y aunque a menudo la sociedad obliga a sentar cabeza a la alegría, a Guastavino le deja creer un poco más, lo bastante al menos como para conseguir la patente que le permitirá levantar la cúpula de St. John the Divine con un ridículo presupuesto de 10.300 dólares.

La idea es de una genialidad sencilla, unas cinchas circulares de metal que sostienen la cúpula mientras se está construyendo y anulan casi por completo la necesidad de andamios. Los obreros parecen retar a la muerte atados con sogas a setenta metros de altura sobre una cúpula de veinte centímetros de grosor secada pocas horas antes, sin más seguridad que la que tiene el propio Guastavino en su sistema. Tal vez les habla entonces de la cúpula de San Pedro de Roma o de las bóvedas de rosca bizantinas de Santa Sofía, a las que esta no iguala en tamaño por muy pocos metros. Tal vez les dice que están haciendo Historia, cosa que, contra lo que suele ocurrir, tiene la ventaja de ser cierta. La excitación es tan fuerte como el viento que está a punto de llevarse a más de un obrero volando hasta el Morningside Park, y cuando la terminan de construir, Guastavino lleva a Elsie hasta lo alto de la cúpula. No sabemos a qué hora lo hace, ni si les acompañan otras personas. Somos de gustos vulgares, así que nos los imaginamos solos, en el esplendor de la jornada, tal vez durante una pausa de los obreros para el almuerzo. Y sabemos lo que ven: a la derecha la desembocadura del Hudson, a la izquierda los tejados casi provincianos de Harlem y la sombra de Central Park, al fondo la silueta de Manhattan. Frente al majestuoso Nueva York, sintiendo en la mano el temblor del vértigo de su mujer, henchido de satisfacción propia, o de alivio, o de nostalgia, Guastavino piensa en su padre, en el futuro tal vez, o en nada. No descartemos que susurre alguna idiotez, tipo *te quiero*.

III

La imagen real de Barcelona antes que ninguna otra imagen. La imagen de Valencia antes que ninguna otra imagen. La imagen del rostro del tío Pepe, de la prima María Luisa. La imagen del tío Antonio, que en la viudez se ha hecho monje franciscano. La mezcla entre distancia absoluta y amor por esas personas. El olor a tierra seca y mojada de Valencia. El olor a mierda del Raval. La nebulosa del recuerdo que no encaja con la realidad. La familiaridad frente a lugares desconocidos. El súbito asalto del recuerdo de la madre. La forma en que el fantasma del padre se manifiesta de pronto en esos rostros. Están comiendo una paella y de pronto un guiño lo hace brotar de nuevo. Ahí está, vivo. Luego el gesto vuelve a sumergirse en la distancia como un pétalo en un vaso de leche y Guastavino no sabe qué sentir, vuelve a resultarle incómodo este papel de constructor millonario que regresa a España para pagar comilonas y comprar antigüedades, vuelve a sonarle extranjero su propio acento, le parece que la gente se muerde el labio disimulando una sonrisa. El vino de la comida le ha sentado mal. La tarde se ha ido desplazando: comenzó nostálgica y al final se ha puesto siniestra cuando el tío Antonio ha contado lo de los compañeros religiosos a los que pasaron a cuchillo en la Semana Trágica de Barcelona. Elsie parece haberse enamorado locamente de él, tal vez solo porque concuerda con su imagen de monje bondadoso. Como no entiende español no sabe que el tío habla de un cura amigo suyo, también de Valencia, al que cortaron los cojones en Montjuic y se los dieron a comer a un cerdo. Hermosa imagen que Guastavino va a tardar meses en sacarse de la cabeza. El horror de este país de paletos al que su padre no pudo volver por la estafa con la que lo abandonó, este país del que apenas le quedan sombras de recuerdos y con el que ahora salda no sabe qué deuda. Estos familiares amables, deseosos de agradar. Ni siquiera en México se sintió así dos años atrás, cuando hizo aquel viaje con Elsie. Ni siquiera cuando, al regresar a Nueva York, Elsie se quedó embarazada y dio a luz a un bebé que murió a las pocas horas del parto. La extrañeza del cuerpo muerto del bebé. La forma en la que durante todo el año evitaron hablar del tema, en la que se encerró a trabajar durante el día y por las noches se dedicó a construir un pequeño observatorio de aficionado en la azotea de su casa. La inquietante serenidad de los planetas. Lo tranquilizador de su lejanía. Hasta que un día se decidió lo del viaje a Europa: Italia, París y España. Luego el regreso a Nueva York en ese transatlántico del que todos hablan, el *Titanic*. Elsie dice inmediatamente que sí a todo y se añade Egipto al itinerario. En las cartas que les envía a sus amigas no para de repetir cada tres líneas maravilloso, tremendo, colosal, impresionante, hermosísimo, espectacular, insuperable. Casi podría haberse encargado unos sellos de caucho para estamparlas una y otra vez, habría sido más fácil. Por eso se excusa y la deja en el hotel y dice que quiere ir a ver la Basílica de los Desamparados, la Lonja, los edificios originales que copió su padre en la iglesia de Asheville o en la Columbian Exposition de Chicago, y al verlos ni siquiera le impresiona que estos le parezcan falsos con respecto a aquellos, sus copias. ¿Acaso no se dice, para alabar a una flor de verdad, que parece de plástico? Es como si la historia de una nación, de cualquier nación, no fuera más que un vasto sistema de copias y originales en el que los primeros acaban sustituyendo a los segundos, donde se prefiere el yeso a la piedra, el plástico a la carne. Guastavino siente que está a punto de comprender algo y luego no. Decide alargar el viaje unas semanas, pasa por Madrid, visita Granada. No le importa perder el regreso en el *Titanic*. Tampoco le importa el cansancio de Elsie ni los permanentes correos de Blodgett desde Nueva York atosigándole con decisiones urgentes para los más de cien proyectos en los que la compañía está implicada solo en Manhattan. Al visitar la Alhambra siente que por fin lo comprende. Es algo relacionado con el dinero. Le parece que ese es el precio que siempre ha tenido que pagar la arquitectura: enmascarar a los nuevos ricos para hacer creer al mundo que siempre tuvieron identidad, que siempre *fueron.* Comprende eso y siente que ya está listo para volver. Un descubrimiento pequeño que le deja satisfecho y, por supuesto, evita el verdadero miedo. Regresan a bordo de *La Provence,* que sale de Le Havre y llega a Nueva York el 4 de mayo de 1913. Elsie aún se pasa varios meses repitiendo lo milagroso que fue que no regresaran en ese nefasto *Titanic.* También de este viaje ha vuelto embarazada. Durante un tiempo Guastavino siente que este bebé nacerá muerto igual que el otro, pero nace fuerte y saludable. Deciden, por supuesto, llamarle Rafael. Rafael Guastavino. A veces lloramos mucho y rezamos en vano.

IV

Tendríamos que escuchar cómo lo dice Guastavino: *Manhattan*. Cómo lo dice al cruzar el puente de Brooklyn hacia las obras de Penn Station y de Grand Central, con el pecho lleno, golpeando el bastón. Habría que escuchar cómo dice *Manhattan* después de cierta pausa, como si se tratara de una materia, una parte cualquiera de su vida. Nosotros no sabemos decirlo: *Manhattan*. Guastavino dice *Manhattan,* sonríe y a continuación entra en el vientre de la ballena de Grand Central: ese palacio a punto de ser habitado. Es aquí donde nos hemos burlado de los *tenements* y las casuchas que se caían solas. Guastavino dice *Manhattan* y sigue esa conversación con el Nueva York de su infancia, pero ahora superpone a él la construcción de esa bóveda.

Sabemos que ha diseñado todos los accesos laterales subterráneos y también un espacio cuya función está aún por determinar y que acaba convirtiéndose en un Oyster Bar. Frente a él ha puesto una bóveda chata en la que, a las pocas semanas, alguien descubre que el sonido produce un efecto de reverberación. No sabemos quién es el primero que lo descubre, pero sí que no es ninguna sorpresa para Guastavino: todas las bóvedas de la compañía tienen ese problema. Poniéndose en una de las esquinas y dando la espalda al centro de la bóveda se puede escuchar con nitidez lo que otra persona ha susurrado en el extremo opuesto. El sonido viaja a lo largo del techo como una balsa sobre aceite. Tendríamos que escuchar cómo lo susurra Guastavino: *Manhattan*. Cómo se pone en una de las esquinas, dando la espalda, por ejemplo, a Blodgett, y susurra *Manhattan* pensando con irritación en acabar con ese defecto que convierte en gallineros casi todos los espacios abovedados que ha construido.

Sabemos también que ya se ha desatado el caballo que acabará con la Guastavino Fireproof Construction Company. Viene desde Europa al galope, no tardará mucho en llegar. Hace solo dos años, en 1911, Max Berg ha levantado en Polonia una cúpula de hormigón de más de sesenta metros de diámetro con un coste y una capacidad de carga que la construcción tabicada jamás podría igualar. Desde entonces solo se oye hablar del hormigón de Bauersfeld, de la resistencia del hormigón de Bauersfeld, de la economía de costes del hormigón de Bauersfeld. Y no sabemos cuándo tiene noticia Guastavino de esa cúpula del Centennial Hall, pero es lo mismo: a partir de ese punto se comporta como si tuviera los días contados, cosa que es literalmente cierta. No para de buscar alternativas para la supervivencia; se convierte en decorador de interiores, trabaja para artistas de mosaico, desarrolla sistemas para combatir la reverberación de los edificios... La acústica, por encima de todas las cosas, se convierte en la nueva fijación de Guastavino: la creación de un azulejo que no haga reverberar el sonido, sino que lo absorba. Y suponemos también que es ahí donde Guastavino tiene noticia por primera vez de Wallace Clement Sabine, ese profesor de física con aspecto de predicador en crisis que afirma a los cuatro vientos haber aislado la fórmula de la reverberación. Sabemos que Guastavino busca a Sabine y que Sabine se deja encontrar.

Sucede en West Point, la célebre academia militar construida hace años por la Guastavino Fireproof Construction Company a las afueras de Nueva York. Sabine acude a medir la reverberación de las bóvedas. Una reverberación que, como en todos los edificios de la compañía, roza los límites de lo soportable. Es, seguramente, un poco humillante para Guastavino. Con ayuda de unos platillos y un cronómetro, cubriendo algunas de las paredes con unos extensos fieltros, o moviendo por la sala una montaña de almohadas, Sabine consigna los resultados. Explica que esos segundos necesarios para que la intensidad del sonido caiga desde los sesenta decibelios —el umbral de la audición— a lo inaudible dependen de la cantidad de elementos y superficies absorbentes que hay en la sala: los cuerpos de las personas, por ejemplo, los tapices, el fieltro de las butacas, la porosidad de las paredes... Guastavino asiente y replica que él mismo diseñó en su día dos patentes de aislamiento con falsos techos entre las plantas de los edificios. Evita añadir que fue un perfecto fracaso.

94

Suponemos que se gustan porque se necesitan. Sabine necesita un constructor. Guastavino necesita un físico. Se gustan porque Sabine quiere rentabilizar su fórmula de la reverberación y porque aunque la Guastavino Fireproof Construction Company haya hecho un año histórico, su dueño ve aproximarse el borde del acantilado. De modo que ahí los tenemos a las pocas semanas, trabajando para los arquitectos Cram, Goodhue y Ferguson, no sabemos si en Harvard, donde enseña Sabine, o en la oficina de la compañía en Boston, frente a frente, preguntándose cómo puede hacerse un azulejo poroso, hasta que uno de los dos, no sabemos si Sabine o Guastavino, piensa que si al meter las rasillas en el horno se las mezcla con sustrato vegetal, el fuego quemará el sustrato y dejará los huecos, *et voilà*.

Dos años después, tras la desventaja elemental de que esas rasillas no hay quien las limpie, de nuevo en una patente compartida, Guastavino y Sabine mejoran su hallazgo en una piedra artificial llamada Akoustolith que tiene el mismo efecto. Y durante más de una década, mientras Europa se zambulle de cabeza en su Primera Guerra Mundial y los Estados Unidos se hinchan lentamente a la espera del estallido de su gran depresión, Rafael Guastavino y Sabine se hacen millonarios cubriendo paredes de iglesias neogóticas, primero, y fábricas de aeronáutica naval, después, laboratorios de pruebas de frenos hidráulicos y plantas de ensamblaje. «Nunca se eleva más alto un hombre que cuando ignora adónde va», dicen que dijo Cromwell, tal vez poseído por la envidia.

V

No hay mucho que añadir. A partir de ahí todo se vuelve previsible: una década más de actividad hasta la decadencia, la venta de la compañía al tesorero y mirlo blanco William Blodgett, el cierre a causa de la industria del hormigón. Todo lo ocupa ese otro Nueva York tras Guastavino, que es, al fin y al cabo, lo que la mayoría cree que es Nueva York: los Empire State, los Chrysler, los Seagram Building. Dejemos que se aleje Guastavino, pero démosle otra hija y también una casa nueva y gustos de potentado: astronomía, navegación, caza, placeres propios de personas esquivas. Y, ya puestos, despachémonos también con una ironía del destino: esa mansión que ha construido en Long Island en 1910 tras abandonar su casa de Brooklyn, esa mansión cubierta de azulejos que enseña con tanto orgullo a las visitas y que ha levantado —como suele decirse, casi nunca con verdad— con «sus propias manos», se inunda cada vez que hay una tormenta. Así son las cosas, de modo que aflojemos un poco el entusiasmo. O qué nos creíamos, ¿que iba a resucitar una y otra vez hasta tener mil cabezas como una hidra?

Muchos años después, en 1961, cuando ya nadie piensa en Guastavino ni en Guastavino desde hace más de cuatro décadas, cuando no hay ni un solo manual de arquitectura de la ciudad de Nueva York que se haya acordado de citar su nombre, un profesor de Arquitectura de la Universidad de Columbia, George Collins, acude a un funeral en la St. Paul's Chapel de la misma universidad y –no sabemos si acuciado por el dolor de la muerte o por el aburrimiento de sus rituales– mira hacia el techo y se pregunta si eso que está viendo es realmente lo que parece que es, y si es lo que realmente parece que es, quién demonios construyó una bóveda tabicada a principios de siglo XX en Nueva York. A esa pregunta del profesor Collins le debemos, entre otras cosas, la escritura del artículo «The Transfer of Thin Masonry Vaulting from Spain to America», la recuperación de los últimos documentos de la Guastavino Fireproof Construction Company (por aquel entonces en un lindo cubo de la basura de Woburn, Massachusetts), la reivindicación de muchos de los edificios de la compañía en peligro de demolición en Manhattan, miles de turistas susurrando obviedades en todas las lenguas del mundo en la cúpula que queda frente al Oyster Bar de Grand Central Station, el salón de fiestas y eventos llamado Guastavino's bajo las arcadas del puente de Queensboro y este libro.

Dejemos, por tanto, que se aleje Guastavino, pero antes una imagen.

Nadie la relata en realidad.

Sucede a finales de 1919, cuando construye la oficina del Registro de Inmigración de Ellis Island. Cada día entran por allí más de diez mil personas a la ciudad. Tras el colapso de una de las bóvedas, se encarga a la Guastavino Fireproof Construction Company la nueva cubierta del edificio. Y ya sabemos cómo es Guastavino: vigila hasta los encargos más ínfimos. Se levanta al alba en su casa de Long Island para coger el ferry y desde primera hora de la mañana se pasea bajo las bóvedas con su pelo canoso y su bigote oscuro, dando instrucciones. Para imaginar la escena bastan esas fotos anónimas de barcos retenidos por la cuarentena, las cubiertas repletas de parias, los retratos de Lewis Hine. Es como si esa masa de desdichados hubiese cruzado el mundo desde sus miserables pueblos italianos, irlandeses, rumanos, turcos, pasado todo tipo de calamidades e invertido hasta el último céntimo ahorrado con sangre para abrazar aquí un hambre idéntica. Para qué vamos a tomarnos la molestia de reescribir una frase si ni siquiera la Historia se toma la molestia de variar. Podemos añadirle otros colores: el resuello ante las preguntas capciosas, la angustia por no tener nada que decir o demasiado que negar, todo ese talento para inventar historias y evitar que se acabe el sueñecito americano antes de haber empezado. Y ya que hemos hecho la escenografía completa, imaginemos que Guastavino se queda mirando a esa gente, lo que no es del todo improbable.

Comienza como un instante en suspenso, tal vez durante una de las pausas de la construcción, cuando entra la tripulación de tercera clase del último barco.

Al propio Guastavino le cuesta un poco pensarlo. No se trata solo de que él también haya llegado en uno de esos barcos hace cuarenta años, eso lo ha pensado cientos de veces al pasar por la aduana o al ver cómo vagabundean por Wall Street esas bandas de muchachos irlandeses, el pensamiento de que podría haber sido cualquiera de esos chicos es como el de que podría ser hoy cualquiera de esos hombres: tan cierto que no sirve para nada. Se trata de otra cosa. Es como un espejo deformado. Una distorsión de la voz. Es lo que traen, tal vez. Lo que creen que traen. O lo que desean. Lo que creen que desean.

Y es también el miedo.

El miedo, esa exactitud.

Al fondo queda Nueva York. ¿Es Nueva York realmente? ¿No podría detenerse esa ciudad? Y, sobre todo, ¿qué le hace tener miedo? Sería justo que Guastavino se hiciera ahora esas preguntas, que, frente a toda esa gente que sale del barco sin oler precisamente a flores, sintiera la necesidad de abandonar el edificio del Registro y se marchara evitando las miradas y paseara hasta la orilla en la que se ve a lo lejos la silueta de Manhattan.

Más aún, sería razonable que Guastavino muriera ahí, no importa que luego siguiera caminando, que muriera ahí, literalmente, como mueren a veces las personas, inconscientes de lo que son, sumidas en la pequeñez de sus preocupaciones, sin conocer el silencio y el olvido que seguirá tras su muerte, ni el relato heroico que otros harán sobre ellos para sostener la creencia indemostrable de que todo tiene sentido. De modo que es ahí donde muere.

AGRADECIMIENTOS

A pesar de su brevedad este libro es deudor de muchas personas. No existiría, en primer lugar, sin la Beca Cullman de la New York Public Library y si Jean Strouse no me hubiese acogido bajo su protección como un hada neoyorquina digna de un relato de Henry James. Creo que el lugar más parecido a un paraíso en la tierra es esa oficina de la Quinta Avenida con la 42 a la que llegan como por arte de magia todos los libros encontrables e inencontrables.

Tampoco existiría sin la generosidad de muchas personas que investigaron con solvencia, entusiasmo y dificultades mucho más grandes que las mías las vidas de Rafael Guastavino y Rafael Guastavino y compartieron generosamente conmigo el fruto de su trabajo. Gracias sobre todo a Mar Loren, Berta de Miguel, Santiago Huerta, Alberto Medina y Fernando Vegas. Gracias a Miguel Rosales, de la Art & Architecture Collection de la New York Public Library. Gracias también a Mathieu Pomerleau, que me orientó en el mar de documentos de la Guastavino Fireproof Construction Company que se conserva en la Avery Library de la Universidad de Columbia. Gracias a Ken

Chen, a Justin E. H. Smith y a Josephine Quinn por sus consejos literarios e históricos, siempre acertados, en nuestras comidas del Cullman Center, y a Salvatore Scibona por su diligencia como director para apartar del camino hasta la sombra de una dificultad y sobre todo por su gestión de las molestias provocadas por el coronavirus. Gracias a Paul Delaverdac y a Lauren Goldenberg por su ayuda para resolver tantas minúsculas gestiones relacionadas con la investigación.

Tampoco sería el mismo sin la revisión del manuscrito que hicieron Luis Chitarroni, Carlos Pardo, María Lynch, Tomás Muñoz, Irene Vallejo, Alberto Pina, Silvia Cenzano, Sergio Chejfec y Modesto Calderón.

No es exagerado decir que Carmen Cáceres me enseñó a escribir estas páginas advirtiéndome una y otra vez dónde estaba el camino cada vez que me desorientaba, algo que ocurría puntualmente cada dos o tres semanas, después de bañar y dormir a Roque en nuestro apartamento de la calle 157, una calle donde no hay, que yo sepa, ningún edificio de Rafael Guastavino.

ÍNDICE